L'Église et la République

Anatole France

Édouard Pelletan, Paris, 1904

© 2024, Anatole France (domaine public)
Édition : BoD • Books on Demand GmbH, In de
Tarpen 42, 22848 Norderstedt (Allemagne)
Impression : Libri Plureos GmbH, Friedensallee
273, 22763 Hamburg (Allemagne)
ISBN : 978-2-3225-5612-0
Dépôt légal : août 2024

DÉMÊLEZ VOS DIFFÉRENDS COMME VOUS L'ENTENDREZ
(Actes, XVIII, 15)

CHAPITRE Ier

De l'Église romaine dans ses rapports avec les États.

L'Église de Rome est une puissance à la fois spirituelle et temporelle. Elle fonde ses droits à la souveraineté de l'Univers sur les évangiles canoniques, sur la tradition de l'Église primitive, sur la donation de Constantin, sur les sacrés canons et les sacrées décrétales.

Qu'elle possède un territoire ou n'ait qu'un palais pour domaine, l'Église de Rome est un État. C'est une puissance temporelle qui diffère des puissances avec lesquelles elle communique en ce que celles-ci mettent des limites à leur souveraineté, tandis que l'Église n'en saurait reconnaître à la sienne sans démentir son origine, altérer son caractère, se trahir et se renier elle-même. Au contraire des autres puissances qui, parce qu'elles sont dans l'humanité, acceptent les conditions où l'homme et la nature les réduisent et plient leur volonté, leur courage et leurs lois à la force des choses, l'Église ne peut rien abandonner des pouvoirs qui, selon sa doctrine constante, lui ont été remis comme un dépôt sacré ni renoncer à des droits qu'elle prétend tenir du Ciel.

Son institution, telle qu'elle nous l'expose, l'investit de l'autorité civile et politique sur tout l'Univers. C'est parce qu'elle est une puissance spirituelle qu'elle est une puissance temporelle. C'est pour que les âmes lui soient effectivement soumises qu'elle entreprend la soumission des corps, et il est de fait que l'on ne conçoit guère le gouvernement de l'esprit sans le gouvernement de la chair. Il est vrai qu'elle s'élève au-dessus de toutes les choses de ce monde ; il est également vrai qu'elle les enveloppe et les pénètre. Elle domine la terre, mais elle est de la terre. Et quand nos hommes d'État et nos législateurs lui demandent de se renfermer dans son domaine spirituel, et nous assurent qu'elle le fera sans faute et s'en trouvera bien, à moins qu'ils ne soient vraiment trop simples, c'est apparemment qu'ils se moquent ou d'elle ou de nous. Au temps des décrets, Arthur Ranc, qui ne passe pas pour un simple et qui ne se moque jamais de la République, causait un jour, dans un coin de la grande cheminée du Luxembourg, avec un de ses futurs collègues, l'âme la plus chaude et le visage le plus ouvert du parti catholique, le sénateur Chesnelong.

— Accordez-moi, lui dit Ranc, que la religion est d'ordre privé, de conscience individuelle, et nous nous entendrons facilement sur le reste.

À cette proposition, le sénateur catholique se dressa de toute sa taille et répondit avec éclat :

— Cela jamais ! Entendez-vous ? Jamais ! La religion catholique, d'ordre privé ? Non ! D'ordre social, monsieur, d'ordre social et d'autorité.

Le vieux Chesnelong, sous la grande cheminée du Luxembourg, parlait conformément à la doctrine de Rome. Et, quand nous entendrons quelque ministre des Cultes déclarer que les évêques doivent se renfermer dans l'exercice de leur ministère sacré, nous penserons qu'il ne sait pas ce que c'est qu'un évêque catholique ou qu'il feint de ne pas le savoir.

L'Eglise prétend révéler à l'Humanité ses fins et l'y conduire ; elle se donne pour mission de sauver le monde et, à cet effet, elle a prescrit des formules et des rites particuliers, elle a établi des règles de vie concernant l'union des sexes, l'usage des aliments, les jours de repos, les fêtes, l'éducation des enfants, le droit d'écrire, de parler, de penser. Afin d'assurer l'observation de ces règles, qui, loin d'être toutes d'ordre spirituel, se rapportent pour la plupart à la police des Etats, il lui faut exercer un droit de contrôle sur l'administration de tous les pays, et occuper une place dans le gouvernement de tous les peuples.

Monsieur l'évêque de Séez, dans une lettre pastorale du mois d'août 1904, a excellemment défini une condition si haute et si singulière :

« L'Église a des droits imprescriptibles sur l'homme aussi bien que sur la société. Elle les tient de Dieu et personne ne peut les lui enlever... Elle est l'autorité de Dieu sur la terre et cette autorité doit s'exercer sur les âmes qui relèvent de son domaine, sur les corps dans toutes les questions qui se rapportent à la conscience, sur toutes les questions sociales qui touchent au domaine de l'esprit. »

À tout devoir correspond un droit. Possédant seule la vérité, elle assume la charge de la répandre et de combattre l'erreur contraire. C'est une tâche qu'elle ne saurait accomplir sans y employer les princes temporels, et, pour parler son langage, sans faire appel au bras séculier.

Il ne faut pas dire de l'Église qu'autrefois elle faisait exécuter ses sentences par la justice laïque et qu'elle y a renoncé. Elle ne renonce jamais. Il ne faut pas dire qu'elle a changé. Elle ne change jamais. Tout se meut ; elle demeure immobile, et quand on s'en étonne, elle répond qu'elle est un miracle. Aujourd'hui, comme autrefois, elle s'attribue une puissance temporelle directe et indirecte, ce qu'elle appelle proprement le pouvoir pénal politique et corporel. Il est intéressant de connaître, par quelques textes récents, sa doctrine sur ce point. En 1864, le jésuite Gerhard Schneemann expose dans la *Civilta Catolica*, organe de son ordre, qu'il est convenable et nécessaire à l'Eglise de réduire les insoumis par le moyen des châtiments sensibles, tels qu'amendes, jeûnes, chartre privée, flagellation. « Si l'Eglise, comme il est vrai, possède, dit-il, une juridiction extérieure, il lui appartient d'infliger des peines temporelles ». Et ce Père démontre que non seulement elle le peut, mais encore qu'elle le doit. « En effet, l'amour des choses terrestres, qui offense l'ordre établi par elle, n'est pas efficacement contenu et réprimé par des peines purement spirituelles et par la privation des biens de l'âme, les châtiments de cette nature se trouvant être précisément les moins efficaces sur les plus grands coupables, d'où il suit que, si l'ordre doit être rétabli partout où il a été rompu, si celui qui se complut dans le péché doit expier et souffrir, il est de toute nécessité que l'épouse de Jésus-Christ lui applique des peines temporelles et sensibles ».

Sans ce pouvoir coercitif extérieur, l'Eglise, à l'estimation du Père Schneemann, n'atteindrait pas la fin du monde. Quant aux limites de sa juridiction, elle seule a le droit de les déterminer et quiconque lui conteste ce droit est en rébellion contre Dieu. Le père Schneemann observe, non sans douleur, que le monde moderne n'a pas l'intelligence de ces vérités salutaires et qu'il est démesurément loin d'y conformer sa conduite. « Nous voyons, dit-il, que l'Etat n'accomplit pas toujours son devoir envers l'Eglise conformément à l'idée divine. La méchanceté des hommes l'en empêche. Aussi le droit de l'Eglise à appliquer aux coupables des peines temporelles et à user de la force matérielle a-t-il été misérablement réduit à rien ». Ce Père exprime fidèlement la pensée des chefs de la catholicité. L'Eglise considère toujours que le bras séculier a le devoir de brûler les hérétiques et que la méchanceté des hommes est seule cause qu'il ne le fait plus. Les papes actuels pensent du Saint-Office exactement ce qu'en pensaient leurs prédécesseurs Innocent III et Paul III. Au milieu du XIXe siècle (en 1853), cette même *Civilta Catolica*, organe du Gesù, présentait l'Inquisition comme le couronnement de toute perfection sociale. Et, dans le même temps, *l'Univers* de Louis Veuillot en admirait « la justice sublime » et la célébrait comme « un vrai miracle ». Il en appelait de tous ses vœux l'heureuse restauration, affirmant, en bon canoniste, le droit du Pape à la restituer dans toutes les nations. Ce droit, la curie romaine l'exerça pleinement en 1862. Dans le concordat conclu à cette date entre le Pape et la république de l'Equateur, il fut arrêté en huit articles que les autorités temporelles seraient tenues d'exécuter, sans pouvoir s'y refuser, toute peine prononcée par les tribunaux ecclésiastiques. Nul doute que l'Eglise ne soit disposée à rétablir aussi l'Inquisition dans les États européens. Mais, comme dit le journal de Veuillot, ils n'en sont pas dignes.

Il y a une vingtaine d'années, me trouvant au Palais-Bourbon, j'entendis par grand hasard un député de la droite qui dénonçait à la tribune un scandale public. Ayant vu dans un champ de foire, sur une baraque, un écriteau portant ces mots : *les Horreurs de l'Inquisition*, il venait demander au ministre de réprimer sévèrement un si flagrant outrage à la foi catholique. Le ministre répondit qu'en inscrivant sur sa baraque ces mots : *les Horreurs de l'Inquisition*, le forain avait usé d'une liberté garantie par les lois et qu'un autre forain était également libre d'écrire sur une autre baraque : *les Bienfaits de l'Inquisition*. Ce ministre était Waldeck-Rousseau. Il avait répondu d'un air grave, insolent et glacial. L'assemblée éclata de rire. Si le Nonce avait assisté à la séance, il n'aurait peut-être trouvé risible ni la question ni la réponse.

Le Pape est souverain ; les rois, les empereurs sont ses vicaires. Le Pape, selon l'expression d'Innocent, est à l'empereur ce que le soleil est à la lune.

Ce que l'Eglise pensait il y a dix siècles, elle le pense encore. Parlant comme son antique prédécesseur, saint Léon le Grand, Pie IX a dit dans l'encyclique *Quanta Cura* : « La puissance a été donnée aux Empires non seulement pour le gouvernement du monde, mais surtout pour porter aide à l'Eglise. Il faut admirer la constance des papes à combattre les gouvernements qui ne se mettent pas tout entiers dans leur obéissance et réservent aux peuples quelque liberté. Innocent III condamna la grande charte d'Angleterre. Innocent X refusa de reconnaître la paix de Westphalie qui garantissait aux réformés le libre exercice de leur religion. Grégoire XVI accueillit la constitution belge de 1832 par une encyclique qui déclarait absurde la liberté de conscience et pestilente la liberté de la presse. Rome fulmina contre les lois espagnoles sur la liberté du culte et même contre la constitution de la catholique Autriche, qu'elle déclara abominable, *abominabilis*, parce qu'elle permet aux protestants et aux israélites d'ouvrir pour eux-mêmes des établissements d'instruction et d'éducation. Rome enfin condamne tous les États actuels de l'Europe, hors la Russie. Le Syllabus dit au § 80 : « Ceux-là sont plongés dans une erreur coupable qui prétendent que le Pape peut et doit se réconcilier et composer avec le progrès, le libéralisme et la civilisation moderne, *cum progresso, cum liberalismo, et cum recenti civilitate se se reconciliare et componere* ».

Tout pouvoir indépendant du Pape est un pouvoir illégitime, tout pouvoir qui lui désobéit est un pouvoir criminel. Dans la lutte récente des moines contre la République française, quand le dominicain Didon avertit, au nom de l'Eglise, les généraux que les pouvoirs trop débonnaires devaient être déposés, quand il menaça de déchéance le pitoyable Félix Faure et ses ministres coupables de mansuétude envers des hommes odieux, qui avaient en propre une idée de la justice, ce moine était dans la tradition ecclésiastique et se conformait à la 23^{e}proposition du Syllabus, portant que les papes peuvent aujourd'hui comme autrefois déposer les rois à leur gré et faire don à qui bon leur semble des nations et des royaumes. Comme Grégoire VII, Pie X peut et doit dire : « La Pierre a donné le diadème à Pierre et Pierre le donne à Rodolphe ».

L'évangile parle d'un péché mystérieux qui ne sera jamais pardonné, et les théologiens enseignent que ce crime irrémissible est le désespoir. L'Église se garde de le commettre : elle ne désespère jamais. Ne changeant point et voyant tout changer autour d'elle, elle attend patiemment que le bien succède au mal et que les peuples obscurcis par la science et la pensée reçoivent de nouveau la lumière de la Foi. Voici comme elle parle par la bouche du Gesù :

« Les États chrétiens ont cessé d'exister ; la société des hommes est redevenue païenne et ressemble à un corps d'argile qui attend le souffle divin. Mais avec l'aide de Dieu rien n'est impossible. Par la vision prophétique d'Ezéchiel nous savons qu'il anime les ossements blanchis. Les ossements blanchis, ce sont les pouvoirs politiques, les parlements, le suffrage universel, les mariages civils, les conseils municipaux. Quant aux universités, ce ne sont pas des os arides ; ce sont des os putrides, et grande est l'infection qui s'exhale de leurs enseignements corrupteurs et pestilentiels. Mais ces os peuvent être rappelés à la vie, s'ils entendent la parole de Dieu ; c'est-à-dire s'ils acceptent la loi divine qui leur sera annoncée par le suprême et infaillible docteur, le Pape »[1].

Mais tant que les peuples ne se seront point amendés, quelle sera la conduite de l'Eglise à leur égard ? Quel accord pourrait se faire entre la Rome catholique et les États modernes ? Elle est le bien, ils sont le mal. Elle est la vie et la vérité, ils sont le mensonge et la mort. Comment la vérité peut-elle traiter avec le mensonge, la vie signer des pactes avec la mort, Rome négocier avec la République française ? C'est là qu'il faut distinguer. C'est là que nous avons besoin des leçons des canonistes, pour considérer le pouvoir civil en ce qu'il fait et en ce qu'il est. Le pouvoir civil, à le juger par ses actes, peut être détestable, exécrable, abominable. Mais, à le considérer en soi, il est divin. Il est de Dieu et toujours de Dieu, car toute puissance vient de Dieu. Et le pape Léon XIII reconnut dans son encyclique de 1892 que le gouvernement de M. Carnot était d'institution divine. Les mauvais princes comme les bons sont de droit divin et Rome peut négocier à son aise avec les uns comme avec les autres. Aussi voit-on que sa diplomatie est universelle comme elle-même.

Ses conseillers et ses ministres sont rompus à la pratique des affaires ; souvent fort adroits et parfois ils ne manquent pas de ruse. Rome ne leur recommande pas toujours de dévoiler toute leur pensée. C'est que, à la fois humaine et divine, procédant du Ciel et de la terre, si ses fins sont spirituelles, ses moyens sont naturels. C'est tenter Dieu, disent ses théologiens, que d'agir sans prudence. Au sentiment des Pères Jésuites que j'ai déjà plusieurs fois cités, elle doit tenir compte des faits accomplis, avoir égard aux circonstances, souffrir un mal pour en éviter un pire.

M. l'évêque de Séez va nous le dire : Cette autorité reçue de Dieu, « que des circonstances particulières (je cite littéralement) lui permettent, l'obligent même à en céder quelques parcelles pour le plus grand bien, elle le fera volontiers. Puissance suprême dans les questions religieuses et dans celles qui, par leur nature, participent à la fois de l'ordre moral et matériel, elle traite de gré à gré avec les pouvoirs établis ».

Mais avant de rechercher quelle foi elle est tenue de garder aux traités, il faut considérer la nature de ces traités et savoir s'ils sont vraiment conclus de puissance à puissance ou s'ils ne sont pas plutôt les concessions sans cesse révocables qu'une souveraine absolue fait à son peuple. Etant universelle, l'Eglise ne saurait avoir proprement des relations extérieures. Ses affaires avec les États se réduisent à des affaires provinciales.

Certes, elle traite de gré à gré avec les pouvoirs établis. Mais elle est débile et nue, elle est pauvre. Elle supporte avec douceur les plus cruelles épreuves. Elle souffre patiemment les humiliations. Elle cède à la violence. Elle aura toujours le droit de révoquer les concessions arrachées à sa faiblesse. Elle peut toujours dire qu'elle signa contrainte et forcée. Tout pouvoir qui traite avec elle la violente et la force, par cela même qu'il traite au lieu d'obéir et dispute avec sa reine dépouillée, quand il devrait baiser la poussière de ses pieds. Elle aura toujours le droit de protester qu'elle n'était pas libre. Elle n'est pas libre tant qu'elle ne commande pas.

Elle alléguera qu'elle a cédé ce qu'il ne lui était pas permis de céder, qu'elle n'avait pas licence d'aliéner la moindre parcelle de son domaine et de son autorité, et qu'on le savait bien et qu'il ne fallait pas

traiter avec elle, ce qui est vrai.

CHAPITRE II

Aperçu des rapports de l'État français avec l'Église sous la troisième République, depuis sa fondation jusqu'en 1897.

Quand la République s'établit pour la troisième fois en France, il n'y avait plus d'Eglise gallicane ; le souvenir même en était effacé. L'Eglise des Gaules n'était qu'une province de l'Eglise romaine. Et les conventions de 1801 en faisaient une église d'Etat. Les évêques auxquels le

Concordat donnait le rang et les pouvoirs de hauts fonctionnaires n'obéissaient qu'à Rome. Les religieux ne reconnaissaient pas d'autre autorité que celle du Pape. Cette Eglise étrangère possédait d'immenses richesses, de vastes territoires, des fondations en grand nombre. Elle dominait dans les plus importantes administrations de l'Etat : aux Cultes, comme religion de la majorité des Français ; à l'Instruction publique, où elle avait conquis sur l'Université affaiblie les trois degrés de l'enseignement ; dans les établissements hospitaliers, desservis par ses religieuses ; à l'armée, qu'elle fournissait d'officiers formés dans ses écoles. Ses forces dans l'opinion étaient peut-être moins solides et moins étendues. Le paysan, qui ne l'aima jamais et qui ne la craignait plus, ne la regardait pas d'un bon œil ; et, hors les provinces de chouannerie, il n'y avait guère pour le curé que les femmes et les enfants. L'ouvrier l'exécrait. Mais la jeune bourgeoisie, issue des Voltairiens de 1830, lui revenait. Son plus grand homme d'Etat, M. Thiers, lui avait donné l'exemple, quand, épouvanté de voir les rouges dans la rue, il était allé se cacher sous le camail de Monseigneur Dupanloup. Chefs d'usine, négociants, propriétaires, petits et gros rentiers demandaient à la religion de les protéger contre les socialistes déchaînés. L'Eglise, en 1871, retrouvait sa vieille alliée, la peur.

Elle retrouvait dans le gouvernement même une autre alliée, la philosophie spiritualiste. Les ministres du 4 septembre se montrèrent plus faibles devant l'Eglise que les ministres de l'Empire. Ils se conduisirent comme ces évêques dont parle Saint-Simon, « qui avaient horreur des maximes de l'Eglise de France, parce que toute antiquité leur était inconnue. » En 1872, on fit ce qui n'avait jamais été fait en France, pas même sous le règne de Charles X. On soumit au Pape le choix des évêques ; on admit que le Nonce participât à des nominations que le Concordat remettait au seul gouvernement français, et l'on fut surpris ensuite de voir l'Episcopat composé d'ultramontains enflammés. Mais il faut tout dire : Plus tard, certains ministres des Cultes, moins accommodants que Crémieux et que Jules Simon, insistèrent pour que la curie prît leurs candidats. Chaque fois qu'elle y consentit, ils s'en trouvèrent mal. Ces évêques, imposés par le pouvoir civil, avaient à cœur de se faire pardonner leur origine : aussitôt nommés, ils faisaient éclater un ultramontanisme guerrier et traitaient la République en ennemie. C'était à ne plus savoir comment s'y prendre. L'entente préalable, comme on disait, et l'intervention du Nonce dans le choix des évêques n'en constituait pas moins un abus fâcheux et consacrait l'ingérence d'un souverain étranger dans le gouvernement de la République.

Il faut rendre cette justice à l'Eglise romaine, qu'elle garda toute son indépendance à l'endroit des républicains libéraux, des philosophes spiritualistes et des doux juifs qui avaient fait en sa faveur un tel abandon des droits de l'Etat.

Il n'est pas vrai, comme on l'a dit, qu'elle condamne l'Etat républicain. Elle considère, au contraire, que le pouvoir dans une République comme dans une Monarchie vient de Dieu, qui l'institua pour le soulagement ou pour le châtiment des peuples, et dans tous les cas pour leur salut, car il est salutaire aux coupables d'être punis. Les bons pouvoirs sont fidèles à leur divine origine : ce sont les théocraties. Les mauvais pouvoirs l'oublient ou la nient. Ils livrent soit au tyran soit aux peuples une part des droits qui appartiennent à Dieu. Les peuples doivent une égale obéissance à tous les pouvoirs, aux pires comme aux meilleurs. L'Eglise a seule le droit de déposer les mauvais princes et de mettre à mort les tyrans. Telle est la pure doctrine.

L'Eglise n'estime pas que la République soit mauvaise en soi. Mais elle la juge mauvaise quand elle institue la liberté de conscience, la liberté de l'enseignement et la liberté de la presse. Dès lors, comment s'étonner que l'Eglise s'efforçât de renverser cette République, de tous les États modernes le plus détestable à ses yeux, puisqu'il était le plus laïque et se proposait de rendre aux laïques l'enseignement, la justice et l'assistance ? Toute son espérance était à Frohsdorf où sommeillait et chassait l'enfant du miracle que, soixante ans auparavant, Dieu avait donné à la France pour la sauver.

Les mornes élections de 1871, faites sous les canons allemands, furent son premier triomphe. Les paysans voulaient la paix. Craignant les républicains toujours coiffés, comme Victor Hugo, du képi de la défense nationale, ils choisirent de préférence de vieux monarchistes, innocents des fautes de l'Empire et des défaites de la République. De leurs votes pacifiques sortit l'assemblée qui voua la France au Sacré-Cœur. Evêques, moines et curés, à l'ombre de cette assemblée, travaillaient au rétablissement de la Monarchie. Les paysans les laissaient faire, préférant les bleus aux rouges et craignant moins le rétablissement de la dîme que le partage des biens. La Commune de Paris écrasée, quatre-vingt mille prolétaires massacrés, la République ne tenait plus que par un petit vieillard habile, égoïste, cruel, le président Thiers, qui la défendait sans générosité, sans honneur, mais âprement et subtilement comme son bien. Thiers tomba. Dans le monde religieux, on annonçait la prochaine entrée de Henri V à Paris. On montrait la voiture et les chevaux du roi. Les clercs étudiaient le cérémonial du sacre et les dames, dans les châteaux, brodaient, sur des écharpes blanches, des fleurs de lis d'or. La Monarchie de droit divin était faite. Il fallut que le comte de Chambord la défît lui-même, et rendît sa restauration impossible en rejetant le drapeau tricolore, objet du culte national. Le clergé alors se tourna vers les Orléans qui, malgré la pesanteur allemande de leur chef, étaient des prétendants redoutables, avec leur grosse clientèle bourgeoise et leurs milliards. Le soldat ignorant par qui l'Assemblée avait remplacé Thiers, tenta le coup du 16 mai, coup brutal et timide où se sentait la main du prêtre. Les hommes qu'il appela au ministère étaient des monarchistes, mais ils étaient aussi des parlementaires qui ne voulaient pas faire appel à la force, ce qui paraissait incroyable à tout le monde, et même à leurs préfets. Les républicains d'alors, médiocres au gouvernement, étaient excellents dans l'opposition. Ils combattirent les monarchistes avec une exacte discipline et une brillante ardeur. L'opinion était pour eux dans les villes ; les campagnes commençaient à leur revenir. Les élections les ramenèrent au pouvoir.

Thiers était mort. Gambetta qui, par son éloquence ardente, avait assuré la victoire électorale, devenait le chef de l'opinion et l'arbitre de la République. De lui surtout dépendait la politique du nouvel État à l'endroit de la vieille Eglise. Allait-il dénoncer le Concordat, démontrer la nécessité de rompre les liens qui attachaient l'une à l'autre les deux ennemies ? Rien n'était plus loin de sa pensée :

— Pourquoi ne voulez-vous pas de la séparation ? lui demanda un jour M. Hyacinthe Loyson, qui lui-même, sous une pluie de foudres, s'était séparé de l'Eglise.

— Ce serait la fin du monde, répondit Gambetta. Le clergé, groupant autour de lui toutes les réactions, serait plus fort que nous.

Le clergé concordataire les avait bien groupées, toutes les réactions ! Et Gambetta le savait assez. Mais il avait le sentiment des difficultés immédiates. Son parti s'épouvantait de la séparation ; le gouvernement des vainqueurs avait à sa tête un catholique concordataire et pratiquant, le vieux Dufaure. L'armée couvrait l'Eglise. Si près de la défaite et, du moins on le croyait, de la revanche, qui donc eût osé toucher à l'armée ? Gambetta, d'ailleurs, sous des dehors révolutionnaires, était profondément conservateur. Il ne songeait qu'à continuer la politique religieuse de Napoléon Ier, du Gouvernement de Juillet et de Napoléon III. Il n'en connaissait, n'en concevait pas d'autre. C'était un homme d'autorité. Tandis que sa chaleur généreuse, sa large bonté le portaient à toutes les alliances et à tous les embrassements, ses instincts de domination l'avertissaient de ménager l'Eglise, alliée naturelle de toutes les puissances. Il lança une parole retentissante : « Le cléricalisme, voilà l'ennemi !» coup de clairon qui sonnait la charge contre le vide. En désignant le cléricalisme comme l'ennemi, il détournait de l'Eglise les coups des républicains pour les attirer sur un être de raison, un fantôme d'Etat. Dès lors la politique ecclésiastique de la troisième République était déterminée[2].

En 1880, Jules Ferry, ministre de l'Instruction publique, soutint devant les Chambres un projet de loi sur l'enseignement supérieur dont le septième article interdisait tout droit d'enseigner aux membres des congrégations non reconnues par l'Etat. Le Sénat rejeta cet article. La Chambre des députés, qui suivait la politique anticléricale de Gambetta, réclama par un ordre du jour la dispersion de ces congrégations, qui n'avaient point d'existence légale. En conséquence, le Président de la République, c'était M. Grévy, signa des décrets ordonnant la dispersion des religieux visés par la Chambre. Ils refusèrent, pour la plupart, d'obéir, alléguant qu'ils ne le pouvaient pas, que la loi était injuste, et que se soumettre à l'iniquité, c'est s'en rendre complice. Dominicains et Capucins ne cédèrent qu'à la force, ou plutôt aux symboles de la force. Le préfet de police Andrieux vint lui-même en gants gris perle chasser les Jésuites de leur maison de la rue de Sèvres. Le lendemain, ils étaient tous rentrés. Ce fut la première persécution de l'Eglise sous la troisième République. Elle dura de juin à septembre.

Selon les intentions de Jules Ferry et de ses collaborateurs, elle ne fut qu'une apparence et un amusement. Jules Ferry n'avait pas formé sans doute à cette époque les plans qu'il exécuta plus tard. Mais il était déjà entêté de gouvernement et d'autorité. Il avait deux grandes parties de l'homme d'Etat, la puissance de travail et l'opiniâtreté. Il savait conduire une entreprise, et si son action contre les moines fut d'une faiblesse visible, c'est qu'il le voulut bien, et qu'il suivait, en ménageant l'Eglise, les avertissements de son ambition. Devenu, après la mort de Gambetta, chef du gouvernement, il se montra impérialiste à la manière anglaise et jeta la France dans ces expéditions coloniales et dans ces conquêtes lointaines qui emportent armée, finance, négoce, missions catholiques d'un même élan de gloire et d'affaires. Dès lors, il flatta les évêques et ne ferma plus les couvents. Les Pères Blancs devinrent ses collaborateurs. Pour lui, le péril ne venait plus des moines. Il se dressait à gauche, sur les bancs où siégeaient les radicaux. C'était le temps où Clemenceau portait des coups répétés à la politique opportuniste. Il lui fut dit plus tard : « Vous renversiez tous les ministères. » A quoi il répondit : « Je n'en ai jamais renversé qu'un : c'était toujours le même ». Il avait raison, tout particulièrement en matière ecclésiastique. La politique religieuse des opportunistes consista toujours à composer secrètement avec les congrégations qu'on affectait de frapper au grand jour. Ils faisaient profession d'anticléricalisme, et si ce mot impliquait pour eux, ainsi qu'il semble, l'obligation d'assurer la souveraineté de l'Etat laïque, connaissaient-ils si mal l'Eglise romaine qu'ils pussent croire la contenir sans effort dans le domaine spirituel comme si elle ne revendiquait pas perpétuellement la souveraineté sur les mœurs, c'est-à-dire la souveraineté temporelle ? Ils croyaient la tenir par le contrat de 1801, sans s'apercevoir que ce contrat réglait uniquement les rapports du Pape et de l'Etat français avec l'Eglise gallicane et qu'il n'y avait plus d'Eglise gallicane. Ils gardaient à l'œuvre législative du consul une confiance inébranlable et qui les trompait toujours. On souffrait de les voir interpréter le Concordat avec quelque étroitesse d'esprit, le prendre quelquefois par ses côtés les plus bas, et croire qu'on vient à bout par des moyens de police d'une institution qui, pendant tant de siècles, mania, pétrit, broya la multitude humaine et qui garde, jusqu'en sa décrépitude, les restes d'une force qui courba les empereurs. Qu'avaient-ils fait depuis qu'ils étaient au pouvoir, qu'avaient-ils tenté pour réduire cet adversaire que leurs ancêtres, en 1826, appelaient le « parti prêtre » et qu'ils n'osaient pas nommer ? Ils avaient réduit le traitement des évêques, supprimé les bourses des séminaires, retranché quelques vicariats et quelques aumôneries, enfin, d'année en année, diminué le budget des Cultes de six à sept millions. Ils avaient irrité l'ennemie sans l'affaiblir. Ils se faisaient haïr et ne se faisaient pas craindre.

Aux élections de 1885, comme aux précédentes, le clergé appuya ouvertement les candidats monarchistes qui, cette fois, revinrent accrus en nombre et en courage. M. Goblet, esprit honnête, irascible et court, prit les Cultes dans le ministère où M. de Freycinet avait associé les radicaux aux opportunistes. M. Goblet s'efforça de réduire, avec les armes du Concordat, l'Eglise révoltée. Il supprima des vicariats, et, traité de persécuteur et de scélérat par les évêques, il en déféra deux au conseil d'Etat, qui prononça contre l'un et l'autre l'appel comme d'abus, ce qui ne leur causa nul déplaisir. Enfin, M. Goblet, radical, fit exactement ce qu'avaient fait les opportunistes. Pouvait-il faire autre chose sous le régime du Concordat et dans l'état présent des mœurs ? Non !

Le gouvernement de la République ne tenait ni l'Eglise, ni la magistrature, ni l'armée. Les scandales de l'Elysée, durant la vieillesse somnolente du président Grévy, l'avaient éclaboussé. La plus grande force des républiques, le peuple, soutenait mollement un régime qui, satisfait d'avoir donné des libertés publiques, ne se souciait guère d'assurer la justice sociale et se trouvait en réaction sur l'Empire dans les questions ouvrières. Un général très beau, et qui avait gardé sous les plumes blanches la vivacité d'un sous-lieutenant, n'eut qu'à paraître sur son cheval noir pour soulever l'enthousiasme des foules. Le prétendant se compromit honteusement avec Boulanger. Le général entraîna les espérances des royalistes dans sa chute lamentable. Le Pape Léon XIII, qui avait gardé dans l'extrême vieillesse la finesse d'un diplomate et le coup d'œil d'un politique, comprit que la cause de la royauté était à jamais perdue. Il prit soin d'en détacher le clergé français. On raconte qu'un jour il dit, montrant un crucifix : « Voilà le seul cadavre auquel l'Eglise est attachée ». Il rompit résolument tout lien avec la royauté morte. Il exposa ses vues dans l'encyclique de 1892 :

« Nous croyons opportun, nécessaire même d'élever la voix pour exhorter plus instamment, nous ne disons pas seulement les catholiques, mais tous les Français honnêtes et sensés à repousser loin d'eux tout germe de dissentiments politiques, afin de consacrer uniquement leurs forces à la pacification de leur patrie. Le pouvoir civil, considéré comme tel, est de Dieu et toujours de Dieu !...

« Par conséquent, lorsque les gouvernements qui représentent cet immuable pouvoir civil sont constitués, les accepter n'est pas seulement permis, mais réclamé, disons plus, imposé par la nécessité du bien social... Sa législation diffère à tel point des pouvoirs publics ou de leur forme, que, sous le régime dont la forme est la plus excellente, la législation peut être détestable, tandis qu'à l'opposé, sous le régime dont la forme est la plus imparfaite, peut se rencontrer une excellente législation... Et voilà précisément le terrain sur lequel, tout dissentiment politique mis à part, les gens de bien doivent s'unir, comme un seul homme, pour combattre, par tous les moyens légaux et honnêtes, les abus progressifs de la législation... Le respect que l'on doit aux pouvoirs constitués ne saurait l'interdire. »

Ainsi le vieillard invitait les catholiques à ne plus livrer à la République d'inutiles assauts, mais à la reconnaître pour légitime et à entrer, s'il était possible, dans le gouvernement afin d'y changer les lois et de les armer en faveur de l'Église. Ces conseils impérieux jetèrent d'abord un grand trouble parmi les catholiques. Seuls les plus intelligents comprirent. Bientôt une lettre du Pape aux cardinaux français confirma l'encyclique. M. de Mun et plusieurs de ses amis donnèrent leur adhésion à la politique pontificale et se firent républicains par ordre. Il se forma à la Chambre, sous la direction de M. Piou, une droite républicaine qui adhéra à la Constitution, se réservant de combattre toute loi contraire à l'Eglise. Mais, beaucoup de catholiques provinciaux et royalistes, incapables de comprendre cette politique, montrèrent leur désapprobation de telle sorte que le denier de saint Pierre en fut fortement rogné. Les dames dévotes de Bretagne et d'Anjou priaient pour la conversion du Pape.

Les ministres de la République crurent ou affectèrent de croire que Léon XIII était libéral. Cette prodigieuse sottise ne fut point relevée, tant on sait peu en France ce que c'est qu'un Pape. Et les ministres purent se féliciter de leur sagesse, qui avait permis à ce pontife intelligent de se rapprocher de la République. En vérité, la République, sous la présidence d'un très digne représentant de la grosse bourgeoisie, M. Carnot, montrait un grand contentement de soi. Elle se félicitait d'avoir rallié toutes les forces de conservation sociale. Elle s'enorgueillissait de voir venir à elle les nobles et les prêtres. A l'exemple des vieilles monarchies, elle tendait à la Religion une main auguste et tutélaire.

Il y eut aux Cultes, en 1894, un ministre disciple de Gambetta, mais tout autre que Jules Ferry, nullement impérialiste, un homme doux, simple, sans aucune ambition, qui faisait volontiers de la philosophie allemande en buvant de la bière. Il était très intelligent ; une épaisse bonhomie enveloppait les pointes de son esprit moqueur. Il avait plus de lecture que n'en ont d'ordinaire les hommes politiques. Il connaissait les livres de Lamennais et les discours de Montalembert et s'intéressait aux affaires ecclésiastiques. Ministre, il se plaisait à la conversation des évêques, et, comme il avait l'âme bonne et tendre, il se mit à les aimer. Il les crut, comme lui, fins et modérés ; il se crut théologien comme eux. Enfin, étant vieux, fatigué, gras, il ne pensa plus qu'à vivre avec Rome dans une tranquille paix.

Ainsi Spuller soufflait dans les bureaux des Cultes un esprit qu'il appelait l'esprit nouveau et qui était plutôt l'éternel esprit de quiétude et de satisfaction des ministres qu'on flatte qui se flattent.

Durant cette paix bénie, dans ce calme religieux, l'Eglise romaine préparait contre la République un

assaut formidable.

CHAPITRE III

De l'action de l'Église en France de 1897 à 1899.

En 1897, une affaire, qui touchait l'armée dans ses bureaux et ses conseils de guerre, émut le pays. Pour l'ardeur des passions qu'elle souleva, elle ne peut être comparée qu'à celle de la bulle *Unigenitus*, survenue cent soixante-quatorze ans auparavant et qui fut aussi, j'ai plaisir à le dire, une querelle des Français sur le juste et l'injuste. L'affaire Dreyfus, sortie d'un jugement secret, avait cela de dangereux, que le mystère dont elle était environnée favorisait le mensonge. A son origine, on trouve les antisémites qui travaillaient depuis quelque temps la France paisible. Et qu'il se soit rencontré, par des temps calmes, chez un peuple aimable et tolérant, des hommes pour réveiller les vieilles haines de races et fomenter des guerres de religion, ce serait un sujet d'étonnement, si l'on ne savait d'où venaient ces hommes et si l'on ne reconnaissait en eux des missionnaires de l'Eglise romaine. Aux antisémites se joignit bientôt un parti nombreux, le parti Noir, qui, dans les salons, dans les faubourgs, dans les campagnes, semait des bruits sinistres, soufflait des nouvelles alarmantes, parlait de complot et de trahison, inquiétait le peuple dans son patriotisme, le troublait dans sa sécurité, l'imbibait longuement de colère et de peur. Il ne se montrait pas encore au grand jour et formait dans l'ombre une masse immense et confuse, où l'on devinait comme une ressemblance avec les frocs cuirassés des moines de la

Ligue. Mais, quand il eut rallié toutes les forces de la contre-révolution, attiré les innombrables mécontents de la République, soulevé enfin devant lui tout ce qu'un coup de vent de l'opinion peut emporter de poussière humaine, il dressa son front immense et bigarré, et prit le nom brillant de Nationalisme.

La crédulité des foules est infinie. Séduit et furieux, le peuple, par masses énormes, se précipitait dans le piège des antisémites. Et les chefs de l'opinion républicaine, en trop grand nombre, l'y suivaient tristement. La législature s'achevait avec une sourde inquiétude, dans le silence d'un gouvernement dupe ou complice du parti Noir et parmi lequel les nationalistes avaient pris des otages. Les élections générales approchant, les moines se découvrirent. Non qu'ils perdissent patience. La patience n'échappe jamais aux religieux. Mais ils rejetèrent toute prudence comme un bagage embarrassant et se lancèrent furieusement dans la lutte politique. Toute la milice romaine donna. Les congrégations non autorisées, se sentant les plus libres, agirent le plus audacieusement. Leur action était préparée de longue main. On retrouve dans toutes les choses ecclésiastiques la constance et la suite. Pour conquérir la domination temporelle en France, l'Eglise préférait, depuis quelques années, les corps francs, les congrégations non reconnues. Et la multitude de celles-ci augmentait sans cesse dans la France envahie.

En cette occasion, on revit ces vieux ennemis des puissances séculières, ces Petits Pères partout supprimés et partout répandus ; les Jésuites, dont l'avocat Pasquier disait, au temps d'Henri IV, qu'ils ne tendaient qu'à la désolation de l'Etat ; les Jésuites, « premiers boutefeux » de nos troubles. Qu'ils aient dirigé les entreprises des antisémites au début de l'Affaire, ce n'est guère douteux. On les surprend ensuite nouant des intrigues dans les bureaux de la Guerre pour sauver ces désespérés, qui suaient le sang à étouffer la vérité. Aussi bien les Jésuites y avaient-ils un intérêt sacré. Ils comptaient sur l'Affaire pour réparer le crime de l'Assemblée constituante, et fondaient cette espérance que la trahison d'un juif déterminerait la France indignée et épouvantée à retirer les droits civils aux juifs et aux protestants, et à rétablir ainsi, dans ses lois, l'unité d'obédience au profit des catholiques romains. Il semble qu'ils aient pris moins de soin qu'à l'ordinaire de se cacher. C'est peut-être que le Père Du Lac se montra peu capable de dissimulation, ou bien qu'ils se croyaient trop sûrs de réussir, ayant, pour cette fois, dans leurs intérêts, leurs ennemis eux-mêmes, une foule de libres penseurs et de républicains.

L'ordre de saint Dominique, institué pour combattre l'hérésie, se retrouva fidèle à sa mission première. Ses prédicateurs tonnèrent avec un éclat formidable, et non toutefois sans précaution. Ils commençaient à être contents de la République et ils attendaient de grands biens du ministère Méline : Un frère prêcheur, le Père Maumus, le dit expressément dans son livre sur *les Catholiques et les Libertés politiques* : « La politique du cabinet sera, si elle triomphe, infiniment plus avantageuse à l'Eglise que ne le serait un retour à l'ancien régime ».

Cependant, d'un plus robuste effort que le Gesù et que les Frères prêcheurs, les Assomptionnistes travaillaient à la révolution sainte. C'était un ordre nouveau fondé vers 1850. Ils étaient, dans leurs façons, rudes et grossiers, d'allure paysanne. Ils se disaient pauvres, très pauvres, et, comme les oiseaux du ciel, attendant chaque jour la becquée. Et ils possédaient quatorze maisons avec un fonds de roulement d'un million et plus. On trouvera sur eux des renseignements précis dans le compte rendu du procès qui leur fut intenté. Ils s'étaient enrichis à vendre les miracles de saint Antoine. On sait ce que la basse dévotion moderne a fait de ce franciscain rempli de courage et de pitié, qui, dans un siècle dur et sombre, consacra sa vie à défendre les pauvres contre l'avarice des évêques et la cruauté des princes. Maintenant, par l'intermédiaire des Assomptionnistes, il retrouve, moyennant un honnête salaire, les objets perdus, et non pas seulement l'argent, les bijoux et les clés. Je sais, à Bordeaux, un propriétaire à qui il a fait retrouver un locataire, et une dame à qui il a fait retrouver un attachement. Pour exploiter l'Affaire, ils lancèrent leur journal *la Croix*, rédigé dans le style du Père Duchesne, et qui portait pour vignette, au lieu du marchand de fourneaux, Jésus crucifié ; et ce symbole donnait, pour l'égarement des simples, l'onction d'un texte édifiant et la majesté des formes liturgiques à leurs sales injures et à leurs abominables calomnies. Bientôt des *Croix* parurent dans tous les départements, qui répandirent par les campagnes, avec l'image du Christ, le mensonge et l'outrage. De leur imprimerie, la « Maison de la Bonne Presse », sortaient une multitude de revues, d'almanachs, de brochures de propagande religieuse et politique. Ils abondèrent en œuvres, fondèrent des confréries pour favoriser les commerçants catholiques et ramener par la famine les petits boutiquiers à la piété ; ils fondèrent des associations de chevaliers qui prêtaient en leurs mains serment d'obéissance et recevaient un diplôme signé sur l'autel ; ils fondèrent l'œuvre électorale catholique qui, par la suite, prit le nom de Comité Justice-Egalité, et qui se donnait pour objet d'intervenir directement dans toutes les élections municipales, cantonales, législatives, présidentielles, et de triompher ainsi des mécréants comme les croisés du moyen âge triomphèrent des musulmans. « Ils avaient, dit M. Waldeck-Rousseau, pour tenir le compte courant des élections, une agence et un agent dans chaque commune. » Ils recueillaient « l'obole des nonnes pour la guerre sainte. » Quatre-vingt-seize cercles catholiques, l'œuvre de Notre-Dame des Armées, qui disposait d'un budget montant à un million et demi de francs, se réunirent à ces religieux.

Les républicains parlementaires, qui n'avaient pas su se porter à temps entre leurs électeurs et les nationalistes et avaient laissé l'antisémitisme envahir l'opinion à l'aide des mensonges qu'ils avaient craint de combattre, regardaient surpris, inquiets, cette entrée en campagne de l'armée noire. M. Léon Bourgeois, dans un discours prononcé à la

Chambre, le 16 novembre 1897, dénonça l'audace croissante des congrégations, signala avec terreur la toute-puissance des influences catholiques dans l'armée, montra, dans les villes de garnison, les officiers allant à la messe pour ne pas compromettre leur avancement et envoyant leurs enfants chez les moines, qui les élevaient dans la haine et le mépris du pouvoir civil. La Chambre ordonna l'affichage. Mais ces moines, retranchés dans les crimes de l'État-major, quelle folie de croire qu'on pourrait en venir à bout sans les débusquer de leur inexpugnable mensonge ! On voulait en finir avec les congrégations en armes, et l'on n'osait pas même regarder en face leur formidable machine de guerre, l'affaire Dreyfus ! L'audace des religieux, qui semblait poussée à son extrémité, s'accrut. Ils excitaient et stupéfiaient les foules flottantes par des promesses fallacieuses et de grossières impostures. Ils entraient dans les complots royalistes, y poursuivant moins la restauration impossible du prétendant que l'établissement d'une dictature militaire et l'organisation d'une force matérielle dont ils eussent été l'âme. Ils se mêlaient aux troubles de la rue, embauchaient des émeutiers. Il n'y avait pas de soir où dans Paris, sur les boulevards, des bandes de jeunes camelots n'allassent criant : « Vive l'armée ! », au profit de l'Eglise romaine.

Les élections se firent à peu près partout sur l'Affaire, dans un tumulte inouï de menaces et d'invectives, et, si le sang ne coula pas, c'est qu'il y a dans le caractère français un fonds de modération qui ne s'épuise pas vite. Les républicains en sortirent péniblement vainqueurs, après une lutte humiliante, sous un amas d'injures et de calomnies, ayant perdu plusieurs de leurs chefs et laissé en quelques endroits l'avantage à de violents adversaires.

Le péril éclatait. Les républicains du Parlement le virent, mais ils ne découvraient pas encore, ils ne voulaient pas découvrir la cause immédiate de leur faiblesse et de leur abaissement. Ils ne sentaient pas encore la vérité de cette forte parole qu'avait prononcée un des leurs, en renonçant à une candidature législative dont les conditions étaient le silence sur l'Affaire : « Un grand parti, comme le parti républicain, avait dit Maurice Lebon, ne peut impunément laisser violer les principes supérieurs du droit et de la justice, sans perdre ainsi toute raison d'être ». Malgré les efforts de quelques hommes tels que Ranc, Jaurès, Clemenceau, Trarieux, Pressensé, le parti Noir avait réussi à maintenir le concert des républicains et des nationalistes sur l'affaire Dreyfus. C'était l'essentiel, car tant que cet accord subsisterait, il était évident que les républicains au pouvoir agiraient à l'avantage de leurs ennemis et seraient, malgré eux, les auxiliaires des moines.

Aussi, quand le chef du gouvernement, qui les avait menés avec une invincible opiniâtreté à leur ruine politique et morale, et qu'ils n'osaient ni renverser ni soutenir, tomba, et lorsque la direction des affaires passa à un vieux républicain plein d'honneur, Henri Brisson, ce constant ennemi de la Congrégation fut contraint de partager le pouvoir avec les nationalistes et de donner à leur homme,

M. Cavaignac, la garde de ce ministère de la Guerre où travaillaient les congréganistes.

Les moines étaient pleins de courage. Ils avaient l'Affaire, la bienheureuse Affaire, suscitée, pensaient-ils, par Dieu lui-même pour ramener la France à la foi catholique. Un des leurs, le père Didon, de l'ordre de Saint-Dominique, supérieur de l'école Albert-le-Grand, prononça, lors de la distribution des prix, que présidait le généralissime Jamont, un discours violent et scolastique dans lequel, avec l'ardeur d'un saint Pierre Martyr et la philosophie d'un saint Thomas d'Aquin, il invoquait la force contre des hommes coupables uniquement d'avoir pensé d'une certaine manière, d'avoir eu une opinion, ce qui, selon la doctrine catholique, est à la vérité condamnable en matière de foi. Et qu'est-ce qui n'est pas matière de foi, depuis que le pape infaillible s'est prononcé sur les mœurs comme sur les dogmes ? Il avertissait le gouvernement qu'en tolérant ce désordre, il s'en rendrait complice, annonçait des représailles sanglantes contre ceux qui attaqueraient l'armée, ce qu'il entendait lui-même d'une attaque par la parole et par la plume et qui n'était, dans le fait, que la dénonciation généreuse d'une erreur judiciaire. Enfin il proclamait la subordination du pouvoir civil à l'autorité militaire, mettant ainsi le bras séculier sous l'obéissance directe de la puissance spirituelle.

Faut-il, disait ce moine éloquent, faut-il laisser aux mauvais libre carrière ? Non certes ! Lorsque la persuasion a échoué, lorsque l'amour a été impuissant, il faut s'armer de la force coercitive, brandir le glaive, terroriser, sévir, frapper : il faut imposer la justice. L'emploi de la force en cette conjoncture n'est pas seulement licite et légitime, il est obligatoire : et la force ainsi employée n'est plus une puissance brutale ; elle devient énergie bienfaisante et sainte.

L'art suprême du gouvernement est de savoir l'heure exacte où la tolérance devient de la complicité. Malheur à ceux qui masquent leur faiblesse criminelle derrière une insuffisante légalité, à ceux qui laissent le glaive s'émousser, à ceux dont la bonté tourne en débonnaireté ! Le pays livré à toutes les angoisses les rejettera flétris, pour n'avoir pas su vouloir — même au prix du sang — le défendre et le sauver.

... Aussi, Messieurs, la France conserve et soigne son armée comme son trésor sacré ; elle en a le culte, et sa colère serait terrible, ses représailles sanglantes contre les sacrilèges qui oseraient l'attaquer. Malgré l'intellectualisme qui fait profession de dédaigner la force, malgré les excès d'une liberté folle qui s'impatiente et se révolte contre la force, malgré les prétentions du civilisme, si j'ose employer ce mot barbare, qui veut se subordonner le militaire, malgré le cosmopolitisme qui méconnaît les lois de l'humanité que la Providence et la nature même des choses a voulu grouper en nations distinctes, malgré tous les sophismes, les aberrations d'esprits mal équilibrés, malgré les sacrifices que toute armée nationale impose, la

France veut son armée, elle la veut forte, invincible, et met en elle ses plus chères, ses plus hautes espérances...

Avec une atroce fureur, ce langage exprime toute une doctrine ; il prononce la condamnation des libertés politiques et de la liberté de penser. C'est la proclamation du *Syllabus* dans un appel à la guerre civile. Le généralissime des armées françaises écouta en silence le moine exciter les soldats à la révolte et au massacre. Ainsi, cette fois encore, la robe blanche de Lacordaire fut une liberté, la liberté de la théocratie garantie par l'épée de la France. Henri Brisson dura peu. Il ne dut qu'à son énergie de durer assez pour faire son devoir, et introduire la revision du procès de 1894, devenue nécessaire après les aveux et le suicide du colonel Henry.

Il n'y pas de mots pour peindre le ministère Dupuy qui lui succéda. Ce fut le chaos, l'écroulement et l'abîme. La République allait où l'emportait l'Affaire, que soulevaient en hurlant les nationalistes, entraînés par les bandes romaines. Alors régnèrent dans les villes les matraques et les bayados, et une canne aristocratique défonça le chapeau du président Loubet.

Les républicains firent de sages réflexions et virent que le mal qui avait atteint tout à coup l'état aigu était un mal sourd et profond, un mal ancien, et ils trouvèrent à sa racine la loi du 15 mars 1850. Détruite en grande partie, ses effets duraient et ne cessaient de s'étendre. Certes, elle possédait, cette loi Falloux, une qualité que les lois ont rarement à ce point, l'efficacité. Il fallut, pour la faire, que les ultramontains d'alors fussent doués d'une rare prévoyance et d'une habileté singulière et qu'ils eussent ce sens de la continuité et de la durée qu'on trouve plus qu'ailleurs dans la politique de l'Eglise. Mais ils n'y seraient pas parvenus sans le secours de leurs adversaires qui ne leur fit pas défaut. Ils reçurent l'aide des libéraux, et ce ne devait pas être pour la dernière fois. Les libéraux, comme les autres hommes, sont sujets à la crainte. La Révolution qui avait emporté la monarchie de Juillet grondait encore, et les orateurs des clubs prononçaient les mots effrayants de communisme et de partage. Les bourgeois éclairés qui, naguère, tranquilles, à l'abri du pouvoir, dénonçaient les intrigues des Jésuites, se donnèrent aux ultramontains par épouvante des rouges. La loi Falloux est fille du zèle et de la peur.

Dans la commission préparatoire, l'abbé Dupanloup disait :

— La cause des congrégations est celle de la justice et de la vertu.

Sur quoi ce vieux voltairien de Thiers, se tournant vers son compère Cousin :

— Cousin, Cousin, il a raison l'abbé, nous avons combattu contre la justice, contre la vertu et nous leur devons réparation.

Et le philosophe Cousin s'écriait :

— Courons nous jeter aux pieds des évêques !

Cette loi livrait les trois degrés de l'enseignement à l'Eglise et coiffait la France du trirègne de l'obscurantisme. Il n'y a pas lieu de rappeler ici l'oppression cruelle de l'enseignement supérieur, quand les évêques brisaient les doux philosophes de l'Ecole normale. Il n'y a pas lieu de rappeler que, pour une parole contraire à l'orthodoxie catholique, Renan fut mis à bas de sa chaire du Collège de France. Ce qu'il suffit d'indiquer, c'est le sort que la loi Falloux fit à l'enseignement primaire et à l'enseignement secondaire. Dans des milliers de communes, les écoles publiques furent données aux congréganistes. La lettre d'obédience l'emporta sur le brevet de capacité et une partie du peuple fut instruite dans l'ignorance et formée aux disciplines de l'erreur. Les Jésuites, les Marianistes, en possession de toute la clientèle noble, attirèrent dans leurs établissements les fils de la bourgeoisie riche et vaine, qui, jalouse de ressembler à la noblesse, pouvait du moins l'imiter dans ses préjugés. Ils s'attachèrent spécialement à former de bons candidats aux grandes écoles navales et militaires. L'Université est une bonne mère : mais quand ses nourrissons ont quitté son sein, elle ne les connaît plus. Les Pères, au contraire, n'abandonnent jamais leurs élèves. Beaucoup l'ont dit avant moi, notamment, en excellents termes, M. Joseph Reinach[3]. Ils les suivent dans la vie, ils les marient. Ils les font avancer dans les administrations, dans l'armée, les poussent dans le grand commerce, dans l'industrie, dans le barreau, dans la médecine, dans les carrières scientifiques. Ils s'assurent ainsi des intelligences dans tous les rangs de la société et dans tous les organes de

l'Etat. Ils forment une immense agence sociale. Un visiteur, étant entré dans la cellule du père Du Lac, ne vit qu'un seul livre sur sa table de travail,
l'*Annuaire de l'armée*.

CHAPITRE IV

—

Le Ministère Waldeck-Rousseau et le Ministère Combes. La Loi sur les Associations.

Un ministère de défense républicaine fut constitué, avec M. Waldeck-Rousseau pour chef. Ce n'étaient pas seulement son autorité de légiste, son expérience des affaires, sa rare intelligence et son grand talent oratoire qui le désignaient à tous comme défenseur des droits de la société civile et de l'indépendance de la République. En 1883, lors de la discussion de la proposition Dufaure sur les associations, étant ministre de l'Intérieur dans le cabinet Jules Ferry, il avait déjà combattu au Sénat l'invasion monastique et c'était à la politique, trop vite abandonnée, de Jules Ferry qu'on demandait au nouveau ministère de revenir. De plus, M. Waldeck-Rousseau était unanimement reconnu pour libéral et modéré ; l'on savait que, conduite par lui, la défense républicaine ne coûterait rien à la liberté. Enfin, si la majorité renfermait des radicaux et des socialistes, il s'y trouvait aussi des républicains de nuances pâles ou, si l'on aime mieux, de nuances douces, et il est plus facile, dans un parlement, de faire accepter aux avancés un chef modéré que d'imposer aux modérés un chef moins modéré qu'eux.

M. Waldeck-Rousseau, quand il se présenta devant la Chambre avec ses collègues, fut accueilli par les invectives et les hurlements des nationalistes. Et, ce qui dut lui être plus sensible, ses amis les plus proches, les républicains libéraux, lui refusèrent leur appui. Libéraux, ils entendaient défendre avec le nationalisme la liberté du privilège et de la domination : ce qui était beaucoup accorder aux principes, ou plutôt jouer sur les mots. On sait que les doctrinaires aiment assez ce jeu. La majorité républicaine, ainsi entamée, n'était pas très nombreuse, mais elle ne manqua pas au ministère Waldeck-Rousseau pendant les trois années qu'il garda le pouvoir.

L'œuvre de ce ministère fut la loi du 1er juillet 1901 sur les associations, disposant qu'aucune congrégation ne peut se former sans autorisation. Les congrégations existantes au moment de la promulgation de cette loi, qui n'auraient pas été autorisées ou reconnues, devraient demander l'autorisation. Celles qui ne l'auraient pas demandée dans les délais légaux ou à qui elle aurait été refusée seraient réputées dissoutes de plein droit. La liquidation des biens détenus par elles aurait lieu en justice. De plus, cette loi interdisait d'enseigner aux membres des congrégations religieuses non autorisées. Loi si traditionnelle et si française, qu'on en retrouve l'esprit et les termes dans toute notre vieille législation, et qu'on entend dans le passé les juristes du nouveau régime et de l'ancien parler comme M. Waldeck-Rousseau. L'article 14 de la loi du 1er juillet 1901, ce n'est pas autre chose que l'article 7 de Jules Ferry. L'exposé des motifs, on le trouve, pour ainsi dire, dans une note rédigée sous le second Empire par le ministre Rouland, et que cite M. Combes dans son discours au Sénat, le 21 mars 1903. En 1847, le ministre Salvandy déposa un projet de loi portant que « nul ne peut diriger un établissement particulier ou y exercer des fonctions quelconques, s'il appartient à une congrégation non autorisée ». Et Odilon Barrot disait alors : « Je ne serai pas plus libéral que la Constituante, je n'admettrai pas que mon pays puisse être couvert de congrégations et de couvents en face de la loi, qui resterait silencieuse et impuissante ». Sous la Restauration, si favorable aux religieux, en vertu de la loi de 1825, aucun établissement congréganiste ne pouvait être fondé sans une loi et, à ceux déjà existants, il fallait un décret pour fonder de nouvelles maisons. Quant à l'ancien régime, il est bien vrai que les grasses abbayes, que le roi donnait en apanage à ses ministres, à ses bâtards, à ses favoris et à ses maîtresses, étaient au-dessus des lois. Mais en cette matière, partout où le Parlement pouvait atteindre, il prenait, pour le bien de l'Etat, des dispositions que la loi du 1er juillet 1901 ne fait que reproduire.

L'édit de 1749, rédigé par le chancelier d'Aguesseau, ordonnait qu'il ne pût être fait aucun nouvel établissement de chapitres, collèges, séminaires, maisons ou communautés religieuses sans la permission expresse du roi. Toutes donations de biens faites aux établissements religieux qui n'avaient pas obtenu de lettres patentes étaient nulles ; les ayants droit pouvaient les réclamer du vivant des donateurs. S'ils ne le faisaient, ces biens étaient vendus au plus offrant et dernier enchérisseur et le roi en confisquait le prix. Cet édit de 1749 ne faisait que renouveler d'anciennes ordonnances. Estienne Pasquier dit au livre III, chapitre XLIV, de ses *Recherches sur la France* : « Il n'est permis aux communautés ecclésiastiques posséder biens temporels et les unir à leurs tables[4], soit par donations entre vifs ou testamentaires, ni par acquisitions, sans la permission expresse du roi, lequel peut, s'il veut, leur enjoindre d'en vider leurs mains, afin que ces biens ne tombent point en mainmorte. »

Après avoir parcouru cette longue suite de lois, on ne croira plus que celle du 1er juillet 1901 est singulière ; on ne lui trouvera rien d'un monstre ; on s'apercevra plutôt avec inquiétude qu'elle ressemble trop aux autres, qui n'ont point eu l'effet qu'on en attendait, et il sera impossible de ne pas craindre que des prescriptions vaines et méprisées sous les régimes qui inspiraient au pape la confiance ou la peur, ne soient encore plus insuffisantes pour la défense du régime que l'Eglise hait le plus et redoute le moins. Est-il besoin de le dire ? Cette loi, qui n'était qu'une nouvelle consécration d'un des plus vieux et des plus constants principes du droit public en France, fut considérée par le parti Noir comme un exécrable attentat à la liberté. M. Waldeck-Rousseau l'avait présentée avec courage et soutenue avec talent devant les Chambres. Il restait à l'appliquer quand s'acheva la législature.

Pendant que les Chambres délibéraient, les religieux travaillaient, cette fois encore, à gagner le suffrage universel. On ne peut reprocher aux Jésuites d'y avoir mis trop de secret. L'un d'eux, le père Coubé, prononça, le 25 avril 1901, dans l'église de Lourdes, devant les zouaves de Patay, un discours dans lequel il en appela « au glaive électoral qui sépare les bons des méchants », invoqua Notre-Dame de Lourdes sous le nom de la « Vierge guerrière » et s'écria d'une voix martiale : « A la bataille sous le labarum du Sacré-Cœur ! Un labarum n'est pas un signe de paix, mais un signe de guerre. »

Ce discours fut imprimé sous le titre de *Glaive électoral* et répandu à des milliers d'exemplaires. Mais pourquoi parler de Lourdes et du père Coubé ? Dans tous les diocèses, les religieux prononcèrent des sermons politiques avec l'approbation des évêques concordataires. Et nous penserons comme M. Léon Chaine, catholique sage et solitaire, que de tels discours ont beaucoup aidé M. Waldeck-Rousseau à obtenir du Sénat le vote de la loi des associations[5].

Les élections de mai 1902 se firent sur cette loi. Il n'y eut, autant dire, que deux partis : les ministériels et les gens d'Eglise, qui furent abondants en intrigues et excellèrent dans la calomnie. Le ministère fut appelé ministère de l'étranger et ministère Dreyfus, ce qui voulait dire ministère de la trahison. Car l'erreur judiciaire de 1894 constituait le dogme fondamental des Noirs.

Dans la nouvelle Chambre, assez différente de la précédente, les nationalistes entraient un peu fatigués de leur effort, mais accrus en nombre, sans qu'on pût affirmer qu'ils avaient été élus uniquement par des adversaires de la République, puisqu'ils s'étaient proclamés républicains et qu'il fallait plutôt croire qu'ils avaient réuni sur leurs noms des ennemis avisés et des amis séduits de la démocratie. Ils pouvaient eux-mêmes, en un sens, se dire républicains, puisqu'ils étaient, ou consciemment ou à leur insu, les instruments du parti Noir qui voulait, non pas renverser la République, mais s'en emparer. Cependant les progressistes, qui avaient refusé de seconder le ministère Waldeck-Rousseau dans son œuvre de défense républicaine et dans sa lutte contre le cléricalisme, revenaient fort diminués, ayant perdu plus d'un quart de leurs électeurs, qui avaient passé, soit aux nationalistes, soit aux radicaux, plus sûrs ainsi de trouver ou des adversaires violents ou des défenseurs énergiques de la politique ministérielle. Cela était de grande conséquence. Et l'on pouvait prévoir que le parti, que pourtant décorent le grand talent de M. Ribot et le beau caractère de M. Renault-Morlière, se traînerait sans gloire sur les bords indéterminés du cléricalisme.

Enfin une majorité donna raison au gouvernement de défense civile. Il parut bientôt que cette majorité était plus forte que la précédente, et surtout plus résolue. Victorieux, M. Waldeck-Rousseau quitta le pouvoir.

Amyot, dans sa traduction de Plutarque, dit au chapitre LVI de la *Vie de Solon* :

« Ayans donques ses loix ainsi esté publiées, il venoit tous les jours quelques-uns vers luy, qui lui en louoyent, ou luy en blasmoyent quelques articles, et qui le prioyent d'en oster ou bien d'y adjouxter quelque chose, et plusieurs lui venoyent demander comment il entendoit quelque passage, et le sommer de leur déclarer en quel sens il le falloit prendre. Parquoy considérant que de refuzer à le faire il n'y auroit point de propos, et qu'en le faisant aussi il s'acquerroit beaucoup d'envie, il proposa comment que ce fust de se retirer hors de ces espines pour éviter les hargnes, plaintes et querelles de ses citoyens : car, comme il dit luy mesme,

« Difficile est pouvoir en grand affaire
« Entièrement à chascun satisfaire.

« Si prit la charge de conduire un navire pour donner quelque couleur à son voyage et à son absence. »

M. Waldeck-Rousseau fit un voyage en mer pour de moins timides raisons. Il allégua qu'il avait accompli son programme et que l'ordre public était rétabli. L'ordre, sans doute, était rétabli dans la rue. Mais toutes les causes de trouble subsistaient dans les esprits et il restait à appliquer la loi sur les associations, tâche nécessaire et laborieuse.

Elle échut à M. Émile Combes, sénateur, ancien ministre de l'Instruction publique, que M. Waldeck-Rousseau avait désigné au choix du Président de la République. La Chambre savait ce qu'elle avait à attendre de lui et M. Waldeck-Rousseau ne l'ignorait pas. Président de la commission chargée d'examiner cette loi des associations, M. Combes avait prononcé, à ce titre, un discours au Sénat, le 21 juin 1901, pour défendre l'article 14 qui consacrait « l'incapacité légale des membres des congrégations non autorisées en matière d'enseignement ». Et depuis lors, bien loin de cacher sa pensée, il avait saisi toutes les occasions de la faire connaître. Au printemps de 1902, M. Jules Huret ouvrit pour le *Figaro* une enquête sur les lois de la laïcisation. Il alla trouver tout d'abord M. Combes dans la paix du Luxembourg, et lui ayant fait plusieurs questions sur les avantages et les inconvénients du monopole d'État, il lui demanda :

— Au cas où, même du fait de l'abrogation de la loi Falloux, l'enseignement libre ne serait pas supprimé, pensez-vous qu'on prendra des mesures pour arrêter le développement de l'enseignement congréganiste, et quelles mesures ?

M. Combes répondit :

— La loi des associations y a pourvu. Si le gouvernement l'exécute dans l'esprit qui l'a conçue, l'enseignement congréganiste aura vécu.

Cette interview parut dans le *Figaro* du 18 mars. Et l'on ne voit pas que M. Waldeck-Rousseau ait reproché alors à

M. Combes de transformer une loi de contrôle en loi d'exclusion.

Dès le mois de juin, en application de la loi de 1901, M. Combes fit fermer, par décret, cent vingt-sept établissements qui, depuis la promulgation de cette loi, avaient été créés sans demandes préalables d'autorisation. Au mois d'août, il fit fermer les établissements qui, n'ayant pas demandé l'autorisation dans le délai de trois mois, se trouvaient en contravention avec la loi. Il y eut de la surprise et de l'indignation parmi les Noirs. La surprise était sincère. Je dirai même qu'elle était légitime ; car on n'admettait pas alors qu'une loi contre les congrégations pût être appliquée. Ce n'était pas l'usage. Quant à l'indignation, elle fut violente chez les modérés de la Chambre. L'un d'eux, naturellement aimable, parla de crime contre la liberté et l'humanité. Mais cela doit s'entendre au sens parlementaire. Le monde des couvents prépara des manifestations publiques. Il y eut, au soleil de juillet, de saintes promenades dans les villes et les campagnes. A Paris, des foules aristocratiques firent cortège aux sœurs expulsées. On vit les femmes fortes dont parle l'Ecriture s'acheminer par les Champs-Elysées vers le ministère de l'Intérieur, où elles espéraient apaiser leur soif du martyre, qui n'y fut point étanchée. En Bretagne, les comités catholiques organisèrent la résistance à la loi. Les hommes d'Eglise exhortaient à la haine les femmes et les enfants, poussaient au combat les paysans ivres de religion et d'eau-de-vie, organisaient des gardes de jour et de nuit autour des maisons d'école. Devant ces maisons, des prêtres, commandés par des officiers en retraite, construisaient des barricades, creusaient des fossés et lançaient sur le commissaire excommunié des jets du liquide infect dans lequel mourut l'impie Arius. On vit le desservant d'une commune, couché sur le pavé de l'école, obliger les gendarmes à l'emporter comme un paquet.

« C'est la tactique ordinaire des partis cléricaux, a dit Renan dans son *Histoire du Peuple d'Israël*. Ils poussent à bout l'autorité civile, puis présentent les actes d'autorité qu'ils ont provoqués comme d'atroces violences ».

Voici un fait qui montre l'état où les excitations du clergé avaient mis les catholiques bretons : Certain prêtre, ayant versé un baquet d'ordures sur un commissaire de police, un riche présent lui fut offert, en mémoire de ce grand acte, par souscription publique. Qu'on se rappelle ces refus d'obéissance, opposés par des officiers à des ordres légitimes, ces démissions jetées au ministre de la Guerre par des militaires dévots. Qu'on se rappelle ces arrêts factieux, rendus par des juges qui se refusaient à appliquer la loi aux congréganistes, et l'on jugera que les esprits n'étaient pas aussi apaisés que M. Waldeck-Rousseau l'avait cru.

M. Combes, insensible aux injures et aux menaces, poursuivit son œuvre. Aux Chambres appartenait d'accorder ou de refuser l'autorisation demandée par les congrégations non reconnues, conformément à la loi de 1901. Ces demandes étaient nombreuses, et s'il avait fallu que chacune fît l'objet d'une loi spéciale et fût soumise à l'une et à l'autre Chambre, dix ans n'auraient pas suffi ; la loi n'aurait jamais été appliquée ; et l'on ne pouvait supposer que telle fût l'intention du législateur, même dans une loi sur les congrégations. Après avis du Conseil d'Etat, le gouvernement présenta les demandes d'autorisation avec un dispositif qui permît aux Chambres de voter par oui et par non, et les demandes rejetées par l'une des Chambres ne furent pas présentées devant l'autre, puisqu'elles avaient dès lors cessé d'être légalement admissibles.

Le gouvernement divisa les congrégations en trois groupes : les enseignantes, les hospitalières et les contemplatives, et fit un projet spécial pour chacune de ces trois catégories.

Cette méthode, qui avait pour la droite le grand inconvénient de rendre la loi applicable, fut combattue par des arguments juridiques auxquels le ministre a répondu par un discours prononcé à la Chambre le 18 mars 1903. En voici les parties essentielles :

Par ce vote collectif, vous n'allez à l'encontre ni de la lettre, ni de l'esprit de la loi du 1er juillet 1901. Ne nous perdons pas dans les subtilités, allons droit au texte.

Deux textes commandent cette question. Un premier texte, celui de l'article 13, décide qu'une congrégation ne peut exister sans une loi qui l'autorise. Un second texte, celui de l'article 18, stipule que les congrégations auxquelles l'autorisation aura été refusée seront réputées dissoutes de plein droit. Mais aucun texte ne vous condamne à répondre par des refus individuels et successifs à des demandes d'autorisations similaires.

La question des congrégations enseignantes se présente devant vous comme une question de principe en ce qui concerne l'intérêt supérieur de la République, question de principe en ce qui touche la liberté d'enseignement. C'est donc comme question de principe que vous avez à la résoudre...

Sans doute le Gouvernement a dû entrer dans l'examen de chaque demande. Deux motifs l'y obligeaient. L'un... c'est qu'il existe un règlement d'administration publique portant application de la loi du 1er juillet 1901, qui prescrit au Gouvernement d'instruire non pas les demandes des congrégations, mais, au singulier, la demande de la congrégation et de la soumettre à l'une ou l'autre Chambre sous forme d'un projet de loi. La seconde raison, c'est que nous avions le devoir de nous éclairer et de vous éclairer sur la nature de chaque demande, sur son importance et sa véritable signification.

Ce faisant, messieurs, nous avons fait ce que les autres gouvernements avaient fait avant nous. Car la législation de 1901 n'a pas innové en la circonstance ; elle a reproduit et confirmé la législation antérieure.

Il y a seulement cette différence entre l'ancienne et la nouvelle législation, que l'ancienne législation n'imposait pas au Gouvernement l'obligation de soumettre aux Chambres les demandes d'autorisation dont il était saisi, et laissait les congrégations absolument désarmées contre son refus, tandis que la nouvelle législation nous fait un devoir de vous apporter ces demandes. Mais il n'y a rien, ni dans les anciens textes, ni dans les nouveaux, qui puisse vous forcer de procéder par délibérations successives à l'égard des demandes de même nature que le Gouvernement vous propose de repousser par des raisons identiques, qui sont des raisons de principe.

Messieurs, ces raisons de principe dominent toutes les considérations d'espèce et de personne. Si votre conviction les adopte, il serait aussi peu séant que superflu d'obliger le Gouvernement à remonter vingt-cinq fois à la tribune pour vous les redire vingt-cinq fois, dans les mêmes termes, en réponse à vingt-cinq demandes identiques.

Le Gouvernement a conscience d'avoir adopté, d'accord avec la commission, une procédure qui n'a rien de contraire à la législation. La majorité républicaine de cette Chambre ne voudra pas le désavouer, et, en le désavouant, lui rendre impossible la continuation de sa tâche.

Elle repoussera donc sans hésiter les demandes des congrégations enseignantes. Elle les repoussera aussi sans s'attarder à distinguer entre elles.

L'examen individuel que vous pourriez en faire, ne vous le dissimulez pas, absorberait, non seulement la totalité de cette législature, mais encore la totalité de la législature suivante.

Que vous ayez eu tort ou que vous ayez eu raison de réserver au pouvoir législatif le droit de statuer souverainement sur les demandes des congrégations, vous êtes en présence du fait accompli. Or, Messieurs, si vous voulez vous livrer à l'examen séparé de chaque demande, vous seriez obligés d'inscrire à votre ordre du jour 451 projets de lois.

Outre l'impossibilité d'entreprendre une pareille tâche sans renoncer à tout autre travail, l'examen successif des demandes vous présenterait des traits identiques, se reproduisant uniformément à travers la fantaisie des noms et la variété des costumes. Partout, derrière la diversité apparente des types statutaires, le même courant d'idées circule, la même volonté s'agite, les mêmes espérances contre-révolutionnaires fermentent. Moralement, toutes ces associations sont calquées sur le même modèle ; toutes ont la même raison d'être, les mêmes aspirations, la même fin.

C'est l'esprit des temps anciens, l'esprit de réaction, qui les a fait surgir des débris du vieux monde comme une négation vivante des principes fondamentaux de la société moderne.

C'est l'esprit de la société moderne, l'esprit de la Révolution, qui doit les rendre pour jamais à un passé définitivement condamné par les doctrines et les mœurs de la démocratie.

Il apparut soudain que M. Combes était en désaccord sur ce point avec son prédécesseur, et l'on ne pouvait nier que M. Waldeck-Rousseau n'eût beaucoup d'autorité pour interpréter une loi qu'il avait lui-même proposée et soutenue. Mais il revenait d'un long voyage et il s'y prenait un peu tard pour donner son avis. Cet avis en lui-même était de nature à satisfaire moins ceux qui avaient voté la loi que ceux qui l'avaient repoussée. M. Waldeck-Rousseau faisait connaître qu'il était dans les intentions du législateur que chaque demande fût examinée séparément et soumise aux deux Chambres. Et il ne cacha pas que, à son avis, les pouvoirs publics devaient accorder les autorisations très libéralement, que le refus, en bonne justice, devait constituer l'exception et non la règle, enfin, qu'il ne fallait pas « transformer une loi de contrôle en loi d'exclusion ».

La pensée de l'ancien président du Conseil prenait, à cette heure tardive, l'élégance d'une spéculation pure et se revêtait d'une grâce nonchalante. Mais, dans son désintéressement et son détachement même, elle combla d'un espoir inattendu tous ceux qui voulaient accorder aux congrégations la liberté avec le privilège. Et telle était l'autorité, tels étaient le savoir juridique et le talent oratoire de M. Waldeck-Rousseau que le Sénat, la Chambre, le public, s'émurent. On voyait avec surprise que tout le monde, amis et adversaires, s'était trompé sur les intentions de cet homme d'Etat, et que la loi, sur laquelle la France entière se querellait depuis six mois, n'était pas du tout ce qu'on croyait. Contrairement à toutes les apparences, M. Waldeck-Rousseau estimait (on le sait maintenant) qu'après avoir chassé les plus actives et les plus violentes associations, ces religieux qu'il nommait les moines ligueurs et les moines d'affaires, ces Assomptionnistes ignares et furieux que le Pape lui-même n'osait pas avouer, la République pouvait vivre heureusement avec le vaste reste des moines contemplatifs, hospitaliers, enseignants ; idée étrange dans un esprit si judicieux, car sa loi, appliquée dans cet esprit et dans cette forme, devenue, comme il le disait lui-même, une loi de contrôle, laissait espérer, à toutes les congrégations qu'elle ne dissolvait pas, une sorte d'autorisation et de reconnaissance qu'aucun gouvernement, pas même celui de la Restauration, n'eût osé leur accorder si largement. Et vraiment, il ne manquait plus à M. Waldeck-Rousseau qu'une entente avec le Saint-Siège, laquelle se serait bientôt faite, pour conclure un Concordat plus onéreux que celui de 1801, pour reconnaître les réguliers comme le premier Consul avait reconnu les séculiers, pour rendre à la France « l'homme juste » de Pie VII, pour devenir enfin le Bonaparte des moines. Entreprise de pacification, sans doute grande et généreuse, mais pleine de périls et qu'un Napoléon lui-même eût trouvée imprudente, bien qu'il eût contre la partie adverse des garanties qui manquent à la République, comme de fusiller les Pères conspirateurs et d'envoyer dans un régiment les novices tumultueux ! Extrémité surprenante des conceptions d'un rigoureux légiste ! Après nous avoir délivré des moines ligueurs et des moines d'affaires, M. Waldeck-Rousseau nous donnait des moines d'Etat ! On ne peut méconnaître les grands services qu'il nous a

rendus, mais il fallut bien défendre sa loi contre lui-même.

CHAPITRE V

Suite du Ministère Combes.

Le programme ministériel comportait l'abrogation de la loi Falloux dont, à vrai dire, il restait peu. Lors de la discussion, au Sénat, du projet Chaumié, qui donnait satisfaction sur ce point à tout le parti républicain, la question de la liberté de l'enseignement fut soulevée et mit aux prises les partisans et les adversaires du monopole. M. Combes s'est prononcé plusieurs fois, et toujours dans le même sens, au sujet de la liberté d'enseigner la jeunesse. Il ne range pas cette liberté « au nombre des droits essentiels qui sont inséparables de la personne du citoyen ». Il estime « qu'il appartient au pouvoir social d'en régler l'usage et d'indiquer suivant quel mode et dans quelles limites elle peut fonctionner ». Il la tient pour « une concession du pouvoir social » et se plaît à citer cette maxime de Victor Cousin : « Le droit d'enseignement est une délégation de l'autorité publique ». Il admet des conditions d'incapacité professionnelle, et reconnaît qu'en sortant de la société, en renonçant à vouloir, on se rend inapte à former la jeune volonté d'un être social. C'est le cas des moines. Mais le clergé séculier, outre qu'il est parfois difficile de le distinguer du clergé régulier, prononce aussi des vœux, embrasse un genre de vie, obéit à une direction spirituelle qui rendent suspects ses enseignements civiques et moraux. M. Combes était donc amené par ses doctrines à proposer, dans la mesure permise par l'état des finances, la laïcisation complète de l'instruction publique.

Ministre, il restait fidèle à sa pensée du 18 mars 1902, quand il avait dit à M. Jules Huret : « Si le gouvernement exécute la loi des associations dans l'esprit qui l'a conçue, l'enseignement congréganiste aura vécu ».

Avant de reconnaître que c'est là, sans doute, tenir en suspicion la morale chrétienne, il conviendrait de se demander s'il y a vraiment une morale chrétienne et, peut-être, découvrirait-on qu'il y en a plus d'une. Le christianisme, quoi qu'il semble, a beaucoup varié dans ses dogmes ; il a varié plus encore dans sa morale. Faut-il en être surpris ? Il est vieux de dix-neuf siècles. Il aurait moins duré s'il avait moins changé. Il a traversé des peuples nombreux, des races diverses, des civilisations ou barbares ou corrompues ; il a connu trois formes successives du travail : l'esclavage, le servage, le salariat, et il s'est plié à toutes les conditions sociales dans lesquelles il a vécu. Il a nécessairement professé beaucoup de morales. Mais ce n'est pas la question. Et il suffit en ce moment de considérer ce que des religieux ignorants, des filles simples, enseignent, sur le bien et le mal, aux petits enfants des écoles. Sans doute, la morale chrétienne, ainsi définie, peut passer pour innocente. Il faut considérer la simplicité de celui qui la donne et de ceux qui la reçoivent, et se garder du ridicule de découvrir dans la pensée naïve d'un bon frère les monstres d'une noire théologie. Pourtant, en y regardant de plus près, on sera surpris et attristé de reconnaître que cette pensée manque de tendresse humaine et de générosité, que l'idée du devoir s'y montre intéressée, égoïste et sèche, et qu'enfin le bien y consiste presque uniquement dans l'observation de pratiques insignifiantes et de formules absurdes. Ce n'est pas la faute du pauvre moine. Sa doctrine l'oblige à lier les âmes à son dieu incompréhensible, avant de les unir entre elles par la sympathie et la pitié.

La morale puérile des religieux a surtout le tort grave d'imprimer la peur dans l'âme des enfants et d'effrayer les jeunes esprits par des images de flammes et de tortures, par la menace de supplices atroces. Ils enseignent à leurs écoliers qu'on ne peut échapper à l'enfer éternel qu'en observant des règles de vie minutieuses et compliquées, dans lesquelles le désintéressement n'a point de place. J'ai sous les yeux un petit livre de piété, à images. On n'y voit que brasiers, fournaises, diables cornus, armés de broches et de fourches. Cela nous semble ridicule. Mais c'est odieux. Qu'il y ait quelque chose d'inhumain au principe de la morale congréganiste, c'est ce que je ferai mieux sentir par un exemple.

Je le prendrai dans une de ces congrégations autorisées, auxquelles la loi, pour des raisons budgétaires et nullement confessionnelles, laissera encore, durant un certain nombre d'années, l'enseignement primaire qu'elle a retiré aux congrégations non reconnues. Je le prendrai dans l'institut religieux le plus fréquent en écoles, le plus abondant en élèves que possède notre pays, si riche en œuvres monacales. Ce n'est rien qu'un mot. Mais.il vaut qu'on le rapporte avec toute l'exactitude possible. Voici :

Dans l'automne de 1895, me trouvant à Saint-Emilion, j'allais visiter la maison de Mme Bouquey. Cette dame, on le sait, cacha pendant un mois, dans une galerie souterraine, sept girondins proscrits. Son dévouement la perdit et ne les sauva pas. Elle fut guillotinée à Bordeaux. Salle, Guadet et Barbaroux périrent à la même place. Buzot et Pétion se donnèrent la mort dans un champ de seigle où leurs corps furent retrouvés à demi dévorés. Louvet seul échappa. Quand je vins, il y a neuf ans, à la vieille maison Bouquey, basse, sous son toit de tuiles, et qui regarde tristement les buis et les ifs d'un maigre jardin clos, les frères ignorantins y tenaient une école. Elle était déserte en ces jours de vacances. Le supérieur me reçut.

C'était un petit vieillard à l'œil vif, à la parole claire et brève. Il me conduisit obligeamment dans le logis dont les dispositions n'ont guère été changées depuis le départ de Mme Bouquey. Une des chambres a gardé sa cheminée du XVIIIe siècle, où l'on voit sur le bandeau de marbre blanc, dans un cadre de perles, le B des Bouquey. Le frère supérieur me dit qu'il avait beaucoup entendu parler de cette dame, et que même un avocat de Bordeaux lui avait donné un livre où il était question d'elle. Nous descendîmes dans une galerie de calcaire dont les parois blanches s'éclairaient d'un jour livide.

— C'est là, me dit le religieux, que les sept girondins mis hors la loi se tinrent cachés pendant un mois. Ils y entraient et en sortaient par le puits que vous avez vu dans le jardin et qu'on nomme encore le puits des Girondins.

Nous échangeâmes quelques paroles. Il observait dans ses propos une extrême prudence et s'abstenait de tout jugement. Mais à la façon dont il exposait les faits, il me parut qu'il en savait sur l'histoire de la Révolution dans le département un peu plus qu'on n'aurait attendu d'un esprit aussi peu curieux qu'était certainement le sien.

Evitant moi-même avec soin de toucher aux croyances, aux doctrines, je lui dis quelques mots de ces hommes éloquents et jeunes, tombés de leur brillante popularité, abandonnés de tous, mis hors la loi, enthousiastes encore de leur cause perdue, soucieux, en attendant la mort, de défendre leur mémoire, et je prononçai avec sympathie le nom de cette aimable femme qui les nourrissait dans un moment de disette, elle-même rationnée, suspecte dès qu'elle cherchait des vivres, et qui cachait des proscrits, sans craindre ce qu'un républicain d'alors appelait la contagion du supplice.

Après m'avoir écouté très attentivement, le frère supérieur demeura silencieux, les mains croisées et les yeux baissés.

Puis, secouant la tête et tournant ses clés entre ses doigts :

— J'ai beau y regarder, dit-il, je ne découvre là, ni d'un côté ni de l'autre, des œuvres méritoires, de bonnes actions. Je n'y vois que des vertus humaines.

J'admirais. En quelques mots, c'était toute une doctrine. Ce simple vieillard exprimait tranquillement, avec douceur, les sentiments de profonde et de sainte inhumanité dont il était nourri. C'était un religieux. Il professait que les œuvres sans la foi sont vaines. Je ne dis pas qu'il fût capable pour cela de dessécher et désoler le cœur des petits gars girondins qui passaient sous sa férule dans la vieille maison Bouquey. Il ne faut pas supposer tant de vertus à une doctrine. Mais enfin, comme disait l'abbé Morellet quand on lui parlait des chefs-d'œuvre de la pénitence : « Si ce n'est pas là du fanatisme, je demande, qu'on m'en donne la définition ».

Et c'est pourquoi nous sommes heureux d'entendre un ministre des Cultes déclarer que les enfants reçoivent à l'école laïque « les principes d'une morale d'autant plus solide qu'elle est indépendante de tout dogme et d'autant plus noble qu'elle est dérivée uniquement des idées éternelles et nécessaires de justice,

de devoir et de droit ».

CHAPITRE VI

Suite du Ministère Combes. — La Note diplomatique du Pape aux Puissances. — La Disgrâce des deux Évêques concordataires.

Les élections avaient donné une majorité de radicaux et de socialistes et le parti de la séparation grossissait à la Chambre.

Un député d'une grande intelligence et d'un grand cœur, Francis de Pressensé, qui avait de l'Europe contemporaine une connaissance approfondie, apporta une proposition très étudiée, premier et difficile essai d'une loi assurant à la fois les droits de la conscience et ceux de l'Etat (7 avril 1903).

Un assez grand nombre de propositions sur le même sujet furent présentées par des députés appartenant à toutes les fractions de la Chambre, hors la droite royaliste et catholique. La Chambre en confia l'examen à une commission qui se déclara, à une voix de majorité, favorable à la séparation. Cette commission chargea un socialiste, Aristide Briand, de rédiger un rapport pouvant servir de base à une discussion publique.

Léon XIII était mort. Le Conclave, sous la pression du gouvernement autrichien, avait élu pape l'archevêque de Venise, Sarto, qui prit le nom de Pie X, indiquant par là qu'il suivrait la politique du premier infaillible. Dès le commencement de son pontificat, la curie souleva en France des incidents dont les esprits s'émurent. Il faut les rappeler ici, non parce qu'ils sont importants en eux-mêmes, mais pour leurs conséquences.

Le président Loubet étant allé à Rome rendre visite au roi d'Italie, le Pape adressa aux chancelleries des puissances catholiques une protestation contre cet acte par lequel le chef du gouvernement français reconnaissait manifestement les droits du peuple italien sur la ville de Rome, offense d'autant plus sensible au Saint-Siège qu'elle venait de la fille aînée de l'Eglise. Hélas ! fallait-il que la Gaule chrétienne, comblée de bienfaits et de privilèges par le Pape, poussât l'ingratitude jusqu'à s'asseoir à la table du prince de Savoie, injuste détenteur du patrimoine de saint Pierre ! La curie n'avait jamais cessé de revendiquer le domaine temporel des papes et personne ne s'inquiétait d'une action diplomatique que ne soutenait ni la force des armes, ni la politique des puissances. Mais, cette fois, elle réclamait dans une forme nouvelle qui produisit en France un effet auquel Pie X et ses conseillers ne s'étaient peut-être pas attendus. L'esprit public est partout impatient et fier. Les sculpteurs représentent toujours les peuples sous l'aspect de femmes irritées ; bien des raisons ont rendu la France sensible jusqu'à l'excès à tout ce qui touche sa politique extérieure. Le roi d'Italie, qui semblait se dégager de la Triplice et qu'on avait vu récemment à Paris avec sa jeune femme, inspirait de la sympathie, et il y avait bien peu de personnes en France, même parmi les catholiques, qui songeassent à lui reprocher d'avoir tenu en mépris la donation de Constantin le Grand au pape Sylvestre. Qu'une chancellerie étrangère s'arrogeât le droit de censurer les amitiés du peuple français, cela parut intolérable, et l'acte du Saint-Siège fut considéré comme une atteinte à la dignité nationale. Il faut croire que le Pape avait été mal inspiré, puisque sa lettre mettait mal à l'aise ses défenseurs ordinaires. En effet, les catholiques français les plus ardents appartiennent presque tous aux partis qui étalent un patriotisme ombrageux. Ils se rappelaient non sans amertume que le Pape actuel avait été élu avec l'appui de l'Autriche contre le cardinal Rampolla, candidat du parti français. Mais le pire pour l'Eglise, ce fut que les modérés, ceux qui se nomment les libéraux et qui, dans le pays comme à la Chambre, s'unissent constamment aux catholiques, s'en séparèrent cette fois. On compte parmi les libéraux d'anciens ministres des Affaires étrangères qui furent dans l'obligation professionnelle de reconnaître que le gouvernement ne pouvait accepter la protestation du Pape. Cette protestation parut plus déplaisante encore quand on s'assura qu'une phrase contenue dans les exemplaires envoyés aux puissances catholiques manquait à l'exemplaire expédié au Quai d'Orsay. Cette phrase était relative au rappel du Nonce et laissait à entendre que si le Pape n'avait pas rompu toute relation diplomatique avec la France, c'est qu'il s'attendait à des changements prochains dans la politique de ce pays. Enfin, le Pape recueillit en cette occasion moins de louanges que de blâmes, et ses défenseurs furent réduits à dire que c'était un saint. Les radicaux et les socialistes ne cachèrent pas la joie que leur causait sa manière. Ils demandèrent au ministère de répondre à la lettre pontificale par le rappel de notre ambassadeur auprès du Vatican et la dénonciation du Concordat.

Il y avait alors dans l'Episcopat français deux prélats concordataires. Ils croyaient devoir obéissance au gouvernement de la République, qui les avait nommés, et au

Pape, de qui ils avaient reçu l'institution canonique. Des plaintes furent portées contre tous deux à la curie. On prétendit que M. Le Nordez était affilié à la Franc-Maçonnerie, et, bien qu'il se défendît ardemment d'appartenir à cette secte abominable, son clergé et ses fidèles se détournèrent de lui avec horreur et les petits enfants refusèrent de recevoir de ses mains l'huile sainte qui confirme dans la foi. M. Geay, qui avait eu des démêlés avec les pères Jésuites de son diocèse, fut véhémentement soupçonné de tenir à une supérieure du Carmel un langage imbu de quiétisme.

Un cardinal somma les deux prélats de comparaître devant le Saint-Office. Ils exprimèrent le regret de ne pouvoir s'y rendre aussi vite qu'ils auraient voulu, alléguant le mauvais état de leur santé qui n'avait pu résister à tant d'épreuves et à la douleur de n'être plus en la grâce du Saint-Père.

Ils offraient d'envoyer leur défense par écrit. Le tribunal de l'Inquisition est patient et plein de mansuétude. Mais il est vigilant. Les deux évêques reçurent l'ordre de se rendre à Rome dans le délai de quinze jours, sous peine de suspense, c'est-à-dire d'être privés de l'exercice des ordres et des fonctions de leur office.

Ils étaient concordataires, ils le demeurèrent en cette extrémité. Tenus d'obéir au Pape qui les appelait à Rome et au gouvernement français qui interdit aux évêques de sortir sans permission de leur diocèse, ils crurent bien faire en portant chacun sa lettre au directeur des Cultes. Elle était rédigée en italien, signée du secrétaire d'Etat Merry del Val et portait le timbre des postes royales italiennes. Ils en donnèrent connaissance à M. Dumay, conformément à l'article XX, section III des Organiques, et contrairement aux prescriptions de la bulle *Apostolicæ Sedis*.

— Eh ! quoi, leur dit M. Dumay, un cardinal vous somme de comparaître devant le Saint-Office ! Ce n'est pas conforme au droit français. Nous n'admettons pas l'intervention d'une juridiction étrangère sur notre territoire. Vous ne comparaîtrez pas. Demeurez.

Ainsi le Gouvernement apprit que la Sainte-Inquisition instruisait la cause de deux évêques concordataires. Mais si MM. Geay et Le Nordez s'étaient conformés à la bulle *Apostolicæ Sedis*, le Saint-Père soufflait deux évêques au ministre des Cultes, sans même que celui-ci s'en aperçût.

M. Geay a du jugement ; M. Le Nordez en a plus encore ou du moins il en fait un usage plus rapide. Il s'aperçut le premier que, pour un évêque, M. Dumay n'est pas une autorité comparable à Monseigneur Merry del Val, et que s'il n'est pas possible de satisfaire en même temps la curie romaine et les bureaux des Cultes, c'est à la curie qu'il vaut mieux obéir. Il partit pour Rome, M. Geay l'y suivit. Le ministre leur retira leur traitement et le Pape leur juridiction. M. Geay, fit en partant, cette déclaration solennelle :

« Institué évêque de Laval par le concours des deux pouvoirs, le civil et le religieux, dit-il, je ne me suis pas cru le droit d'abandonner mes fonctions à l'insu ou à l'encontre de l'un d'eux… Je pars avec le regret que le sacrifice de ma personne ne puisse être le gage de leur conciliation, avec l'amertume aussi que tant de catholiques s'acharnent à rendre incompatibles la fidélité d'un bon évêque et le devoir d'un bon Français ».

Ces paroles sont d'un juste et touchent par leur douceur. Mais s'il était possible d'entrer jusqu'au fond dans l'âme et dans le cœur de ce prélat vraiment constitutionnel, j'imaginerais qu'au moment de passer les Alpes, il s'est retourné vers sa patrie selon la chair et qu'il a pensé tristement :

« J'ai fait une visite à M. Dumay et je vais comparaître devant le Saint-Office. Et je laisse derrière moi des évêques qui donnent, dans chaque mandement, à M. le ministre des Cultes les noms de Domitien, d'Hérode, de Robespierre, de Néron, de Barrabas et d'Olibrius. Ils siègent au milieu de la vénération des fidèles ; Rome estime leurs vertus et leur doctrine. Si j'avais imité leurs travaux apostoliques, je porterais encore la mitre et je goûterais à Laval les joies du Carmel. »

M. Geay, dès son arrivée à Rome, fut reçu par le cardinal Merry del Val, secrétaire d'Etat du Saint-Siège. Il le trouva « plus insensible que le marbre d'un sépulcre ».

— Éminence, lui dit-il, je ne suis pas un révolté, ni un schismatique ; je suis un modeste évêque français qui ne songe pas à mettre en échec la suprématie de Rome, mais qui, ayant pendant huit années souffert persécution pour obéir aux lois de son pays, ne voulait pas que son dernier acte fût une négation de son passé, ni sa personne un prétexte de discorde entre les deux puissances qu'il a jointes dans le serment de son sacre. Si, malgré ma situation intolérable, je ne suis pas venu plus tôt, c'est que j'attendais le jour où je pourrais faire à leur entente un sacrifice pacifique.

Le Cardinal répondit :

— Il faudra donner votre démission.

M. Geay se montra enclin à l'obéissance.

— Je suis venu pour me mettre entre vos mains, dit-il ; vous ferez de moi ce que vous voudrez, et tout sera préférable à mon angoisse d'aujourd'hui.

Toutefois il demanda respectueusement s'il ne serait pas préférable que la curie le déposât d'accord avec les bureaux de M. Dumay ; et il fit observer très justement que, faute d'agir à ce sujet de concert avec le gouvernement français, son Eminence le secrétaire d'Etat précipitait la séparation de l'Eglise et de la République.

Le Cardinal répondit une seconde fois :

— Il faudra donner votre démission.

Le malheureux évêque protesta de sa soumission absolue.

— Mais encore, dit-il, voudrais-je savoir pourquoi je suis condamné, sans recours et sans défense. Le Saint-Office possède-t-il donc la preuve irrécusable des prétendues immoralités qu'on me reproche ?

— Oh ! fit le cardinal, avec un haussement d'épaules, s'il n'y avait que cela ! Mais vous avez livré au bras séculier le secret de l'Eglise[6].

Le Cardinal secrétaire parlait en prêtre qui pèse la gravité des fautes. Il ne faut pas être un bien subtil casuiste pour savoir qu'il y a moins de malice à pécher avec une Carmélite qu'à rapporter à M. Dumay les décisions du Saint-Siège.

Après s'être démis de leur évêché entre les mains du secrétaire d'Etat du Vatican, M. Le Nordez et M. Geay se jetèrent aux pieds du Souverain Pontife, qui ne refusa point le pardon qu'imploraient ses fils repentants.

Ces deux prélats ont fait plus de tort au Concordat en s'efforçant de l'observer que tous les autres évêques en le violant à l'envi.

Pour répondre aux actes de la Cour de Rome à leur endroit, le président du Conseil rappela l'ambassadeur de France auprès du Saint-Siège. Les Chambres approuvèrent la rupture des relations diplomatiques avec le Vatican. Le Nonce présenta ses lettres de rappel.

C'est « Jésus-Christ chassé », s'écrie M. Andrieu, évêque de Marseille. On n'a rien vu de semblable en France « depuis la Terreur », les temps sont revenus de Robespierre et de Néron ; les actes du Gouvernement « crient vengeance ». Il prévoit « un châtiment terrible pour le pays qui a laissé commettre de tels crimes. »

CHAPITRE VII

Suite du Ministère Combes.

Les Préliminaires de la Séparation.

Examen du Concordat.

M. Combes avait paru jusque-là disposé à gouverner sous le régime de 1801. A vrai dire il y avait éprouvé de grandes difficultés. Il observait strictement le Concordat que la curie violait sans cesse. Elle avait refusé plusieurs évêques à l'Empire, un plus grand nombre à la République. Elle refusait tous ceux que lui présentait M. Combes.

Le Nonce l'allait trouver dans son cabinet.

— Indiquez-moi d'autres noms, nous discuterons et nous nous entendrons dans une conversation préalable.

Et le Nonce déclarait que c'était pour lui une question de principe. C'en était une aussi pour le ministre. M. Combes, revenant au droit, refusait de soumettre à Rome le choix des évêques, qui appartient uniquement au gouvernement français.

Tous ses candidats étaient rejetés sans indication de motifs et huit sièges épiscopaux demeuraient vacants.

Après la note du Pape aux puissances et l'affaire des deux évêques, M. Combes cessa de croire qu'il fût possible de maintenir le Concordat.

Il reçut dans sa maison de Pons, où il passait les vacances, un rédacteur de la *Nouvelle Presse libre*, de Vienne, et lui confia que les événements avaient changé ses idées.

— La séparation est proche, lui dit-il, je la tiens maintenant pour inévitable. L'idée de la séparation de l'Eglise et de l'Etat a fait depuis deux ans des progrès énormes, et moi-même qui, comme on sait, n'en étais pas partisan au début, j'ai dû m'en accommoder.

Il ajouta que le projet Briand lui semblait une excellente base de discussion, et qu'il désirait seulement que certaines dispositions du projet fussent « formulées dans un sens plus large et plus libre ».

Ces déclarations qu'il avait faites en son propre nom, il les renouvela au mois de juin, comme président du Conseil, dans son discours d'Auxerre.

Il nous faut maintenant dire ce que fut le Concordat à son origine, ce qu'il est devenu, et rechercher les raisons qu'il y a pour la France ou de le maintenir ou de le dénoncer.

Etablie par l'Assemblée Nationale en 1790, la Constitution civile du clergé fut quatre ans en vigueur, si l'on peut parler de la vigueur des lois dans un état révolutionnaire, au milieu de conspirations, d'insurrections, de massacres et de supplices. Elle causa le schisme, partagea l'Eglise de France entre réfractaires et jureurs, c'est-à-dire entre les prêtres de l'ancien régime et les prêtres du nouveau régime[Z].

La loi du 3 ventôse an III (21 février 1795), votée par la Convention sur les conclusions de Boissy d'Anglas, rompit tous les liens qui rattachaient l'Eglise à l'Etat. Rompre leurs liens, c'était bientôt fait, mais comment les séparer ? Ils se tenaient à la gorge. Après la séparation comme avant, ce fut une lutte atroce. En l'an IV, Stofflet se battait en Anjou, Charette en Vendée, les colonnes mobiles refoulaient les brigands et passaient par les armes les prêtres de la chouannerie. Les ecclésiastiques réfractaires étaient recherchés, jugés, guillotinés. Les compagnies de Jéhu et du Soleil terrorisaient le Sud-Ouest ; le comte d'Artois était à l'île d'Yeu avec la flotte anglaise.

Dans cette terreur et parmi ces violences, quels effets pouvait produire la séparation légale ? Ce qui est certain, c'est qu'après cinq ans de guerre civile, le clergé réfractaire, proscrit, traqué, emprisonné, se trouva le plus fort. Il avait contre lui les législateurs et les lois. Il avait pour lui le peuple des campagnes, ému de ses malheurs. Il avait pour lui la pitié et la vénération des simples, la faveur des agioteurs, des acquéreurs de biens nationaux devenus contre-révolutionnaires, l'appui des royalistes qui bâtonnaient les jacobins et la bienveillance des belles thermidoriennes. En vendémiaire an V, trente-deux mille communes avaient rétabli le culte et rouvert leurs églises, desservies pour la plupart par des prêtres réfractaires.

Précisément à cette époque (fin 1796 ou commencement 1797), le jeune général Bonaparte écrivait au général Clarke :

« On est redevenu catholique romain en France. Nous en sommes peut-être au point d'avoir besoin du Pape lui-même pour faire seconder chez nous la Révolution par les prêtres et, par conséquent, par les campagnes qu'ils sont parvenus à gouverner de nouveau. »

On voit ici jaillir l'idée du pacte qu'il devait conclure cinq ans plus tard ; on surprend et la justesse des raisons et la duplicité des moyens. Le jeune général s'aperçoit du danger. Une Église romaine s'élève qui menace la Révolution, la République, et qui préparera peut-être le retour des Bourbons. Il faut, pour conjurer le péril, former un nouveau clergé gallican, reprendre sur un nouveau plan l'œuvre ruinée des constituants. Et puisqu'on ne peut, sans le Pape, faire une Église constitutionnelle, il en faut faire une avec le Pape. On a chance d'y réussir. Il ne s'agit que de tromper « le vieux renard ». Première pensée du Concordat.

Dans l'esprit de Bonaparte, le Concordat c'était la restauration de l'Église gallicane. On ne garde point de doutes sur les intentions du premier Consul quand on a lu l'article XXIV des Organiques.

« Ceux qui seront choisis pour l'enseignement dans les séminaires souscriront la déclaration faite par le clergé de France en 1682... Ils se soumettront à enseigner la doctrine qui y est contenue ; et les évêques adresseront une expédition en forme de cette soumission au conseiller d'Etat chargé de toutes les affaires concernant les Cultes. »

Or, la déclaration de 1682, remise en vigueur par le Concordat, porte que le Pape n'a nulle autorité sur les choses temporelles, qu'il ne peut, ni directement, ni indirectement, déposer les rois ; que les décrets de Constance sur l'autorité des conciles gardent toute leur force et toute leur vertu ; que le Souverain Pontife ne peut gouverner l'Eglise que suivant les canons et qu'il ne peut porter nulle atteinte aux constitutions et aux droits reconnus de l'Eglise gallicane ; enfin que ses jugements en matière de foi sont attaquables tant qu'ils n'ont pas été confirmés par le jugement de l'Eglise.

Le Consul rétablissait de la sorte toutes les libertés de l'Eglise gallicane. Et qu'était-ce donc que son Concordat, sinon la Constitution civile de 1790 restaurée, avec des changements, il est vrai, qui en altéraient profondément l'esprit ? On ne pouvait s'attendre, en effet, à ce qu'un soldat dominateur, athée et superstitieux, rétablît l'Eglise Nationale dans la même intention où dix ans auparavant l'avaient instituée des législateurs philosophes et religieux, nourris de morale évangélique.

Mais, de fait, le jeune Consul rétablissait la Constitution civile de 1790. Il la rétablissait avec le serment, avec les prêtres jureurs. Il obligeait les évêques à jurer non plus seulement de rester fidèles à la Constitution, mais de se faire les espions du gouvernement civil, d'être délateurs et sycophantes : « Je jure et promets à Dieu, sur les Saints

Evangiles, de garder obéissance et fidélité au Gouvernement établi par la Constitution de la République française. Je promets aussi de n'avoir aucune intelligence, de n'assister à aucun conseil, de n'entretenir aucune ligue, soit au dedans, soit au dehors, qui soit contraire à la tranquillité publique ; et si, dans mon diocèse ou ailleurs, j'apprends qu'il se trame quelque chose au préjudice de l'Etat, je le ferai savoir au gouvernement. »

Sans m'arrêter sur ce point, j'avouerai que l'on ne discerne pas, avec les seules lumières naturelles, en quoi ce serment était plus canonique que le premier.

Le Consul rétablissait la Constitution civile de 1790, avec le prêtre salarié. Il obligeait le Pape à reconnaître que le clergé n'avait plus par lui-même ni existence propre, ni biens. Il ajoutait aussitôt que les ministres du culte recevraient du gouvernement un traitement convenable sans qu'on pût voir en aucune manière dans ce traitement ni une indemnité, ni une restitution, ni la rente des biens retournés à la Nation, puisque le clergé, premier état du Royaume, ayant cessé d'exister, le clergé de la République ne le continuait pas, ne le représentait pas, ne lui succédait pas, et n'étant lui-même ni un Etat, ni un ordre, ni un corps, n'avait point la capacité d'hériter et de posséder.

La Constituante avait supprimé les ordres monastiques ; le Concordat maintient la suppression de ces ordres, dont il ne fait pas même mention. La Constituante avait supprimé les offices ecclésiastiques, les prébendes, les prieurés et les canonicats ; le Concordat maintient cette suppression, hors un chapitre honoraire par cathédrale qu'il accorde aux évêques. La Constituante avait retiré aux curés les registres des naissances, des mariages et des décès ; le Concordat ne rend pas aux paroisses le contrôle de la vie civile. Enfin, si le Concordat restaure la dignité archiépiscopale, abolie avec les privilèges de l'ancien régime, les noms de « Monsieur » et de « Citoyen » que recevront désormais les évêques et les archevêques, l'habit noir à la française qu'ils porteront avec la croix pectorale sentent l'Eglise constitutionnelle de 1790.

Grand sujet d'étonnement que cette Constitution civile, cause, dit-on, de tous les maux qui désolèrent pendant dix ans l'Eglise et la République, source inépuisable de désordres et de violences, mortelle à la Religion, odieuse aux Français, à la Patrie, en horreur au Saint-Siège, soit devenue une œuvre d'harmonie et de paix, approuvée des bons citoyens, agréable au Pape, dès que le premier Consul l'eut transformée en instrument de règne.

On admire en effet qu'un Pape ait approuvé en 1801 des usages et des mœurs qu'un Pape détestait en 1790. Pourtant il ne faut pas trop admirer. Sur quelques points le Concordat diffère beaucoup de la Constitution civile. Et ces points ne sont pas tous sans importance. Il en diffère d'abord par un préambule fort remarquable où l'on lit : « Le Gouvernement de la République reconnaît que la Religion catholique, apostolique et romaine, est la religion de la grande majorité des citoyens français. » Le législateur constate un fait dont il ne tire aucune conséquence. Et l'on se demande pourquoi il a parlé. C'était pour ne rien dire et contenter le Pape.

C'était pour sauvegarder la liberté de conscience et ménager les prétentions du Saint-Siège. Et cette déclaration avait bien son prix pour l'Eglise romaine puisqu'elle permit à Louis XVIII, en 1814, quand il octroya une charte à son peuple, d'y déclarer la religion catholique religion de la nation française, ce qui réduisait à rien les droits des deux autres religions reconnues et ramenait le pays à l'unité d'obédience. Le Concordat diffère encore de la Constitution civile sur un point d'un intérêt plus constant et plus pratique.

Les constituants, parmi lesquels il y avait des jansénistes, espéraient rétablir les mœurs de la primitive Eglise. Ils tenaient pour exemplaires les Eglises électives d'Utrech, de Deventer et de Harlem. Ils avaient décidé que les évêques seraient élus par les fidèles et ils ne souffrirent pas que ces élections fussent soumises à l'approbation de l'évêque de Rome. Il suffisait, pour eux, qu'il en fût respectueusement averti. Le premier Consul en ordonna tout autrement à ce sujet. S'il refusa de même la nomination des évêques au Saint-Siège, il voulut que cette nomination fût faite non par le peuple, mais par lui-même. En vertu du Concordat, les curés étaient nommés par les évêques et les évêques par un soldat. Mais au Pape revenait l'institution canonique. Le Concordat restituait ainsi au Saint-Siège une prérogative que l'Assemblée constituante lui avait enlevée. Bonaparte comptait bien obliger le Pape à donner l'institution canonique à tous les évêques nommés par lui. Et, pour commencer, il obligea Pie VII à la donner à dix évêques constitutionnels, c'est-à-dire à des intrus, à des schismatiques, à des excommuniés, et à la retirer à quarante évêques qui avaient refusé le serment pour obéir au Saint-Siège. Le Pape but cette honte. Il institua les boucs, destitua les agneaux. Et, ayant renié la justice et accompli l'iniquité, il redevint le chef spirituel de l'Eglise de France. Non seulement il obtenait que ses droits à donner l'institution canonique fussent inscrits dans les lois de l'Etat français, mais il établissait, par un précédent mémorable, qu'il pouvait donner ou refuser l'institution sans alléguer aucun motif, puisque son premier acte avait été d'accorder l'investiture à des intrus et de la retirer à des pasteurs fidèles, à des confesseurs de la foi, à des martyrs de 93, et que l'Etat laïque ne lui avait pas demandé ses raisons[8].

Dès lors, que fait le ministre des Cultes de l'Etat français en nommant un évêque, sinon pétrir l'argile épiscopale, fournir la matière plastique d'un évêque ? Seul, le souffle du Souverain Pontife peut animer cette argile, et lui donner une âme sacramentelle. Le ministre des Cultes le sait. Aussi est-il inquiet de voir sa créature demeurer inerte et comme une forme sans esprit, en attendant l'institution de vie. Il est vrai qu'il en était de même sous l'ancien régime, et que le Pape refusait parfois d'instituer les évêques du roi. Mais le roi trouvait que c'était un abus intolérable. La Constitution civile du clergé avait pourvu à cette difficulté.

Pie VII remportait donc de grands avantages et, si, en échange, il avait accordé plus qu'il n'aurait dû, il pouvait alléguer qu'il avait cédé à la force et fait pour le bien de l'Eglise des concessions toujours révocables.

Le Concordat fut proclamé loi de la République le 18 germinal an X. Cette loi comprenait, en outre du Concordat proprement dit, les articles organiques du culte catholique. On y avait joint aussi les articles organiques des cultes protestants, pour que, en dépit du préambule qui reconnaissait le catholicisme comme la religion de la grande majorité des Français, il parût bien que la liberté de conscience restait en vigueur dans la République.

Lamartine a dit un jour à la Chambre des députés que le Concordat fut une œuvre rétrograde et une faute politique. Il parlait noblement. Le Concordat, dépouillé de la pompe romaine et de la majesté consulaire, n'est qu'une bouffonnerie italienne jouée par un cadet d'Ajaccio avec un prêtre romain. Bonaparte sentait lui-même le comique de cette pièce. Quand il reçut du cardinal Caprara, dans une assemblée solennelle, un exemplaire authentique de la Convention, enfin signée, on le vit rire aux éclats et faire des grimaces. Pourtant le plus fin de la comédie lui échappait. Il pensait avoir dupé le vieux renard, et c'était lui qui était la dupe.

L'imprudent Consul croyait rétablir à son profit l'Eglise gallicane, et il organisait en France une province de l'Eglise romaine. Il faisait un clergé sans force pour lui résister et sans force pour résister au Pape, un clergé, misérable et servile, soumis à deux maîtres et contraint sans cesse de trahir l'un pour contenter l'autre. Il organisait le clergé qui, après avoir chanté des *Te Deum* pour toutes ses victoires, se détournera de lui dans les jours sombres, prendra la cocarde blanche en 1814, soulèvera contre lui la Vendée en 1815.

Cet homme pénétrant ne tarda pas à s'apercevoir qu'il avait été joué. Il ne cessait de dire à l'abbé de Pradt, son aumônier : « La plus grande faute de mon règne c'est d'avoir fait le Concordat ».

Encore se flattait-il en disant qu'il avait fait le Concordat. Si vraiment une convention de cette espèce veut l'entente et le consentement des deux parties contractantes, la loi du 18 germinal an X n'est pas un Concordat[9]. Elle contient, il est vrai, les 17 articles de la Convention passée entre le gouvernement français et le Pape Pie VII, le 26 messidor an IX. Mais elle contient aussi les 76 articles organiques du culte catholique. C'est une question de savoir si le Pape a connu ces articles. On peut en douter. Dans tous les cas, il ne les a pas acceptés. Ses successeurs ne les ont pas acceptés davantage. De Pie VII à Pie X, tous les Papes ont protesté contre les Organiques.

Dans sa communication du 26 juillet 1904 au chargé d'affaires de France, le cardinal Merry del Val a dit avec raison que le Saint-Siège n'avait « jamais cessé de protester contre les articles organiques », et il rappela qu'ils étaient un acte unilatéral du gouvernement français, acte bien distinct du Concordat.

Il ne faudrait donc pas dire que la loi du 18 germinal an X est un concordat. Il faudrait dire seulement que, sur les 93 articles de cette loi concernant le culte catholique, il se trouve 17 articles d'un concordat commencé.

On ne peut lire ces articles organiques sans une vive surprise. C'est un extraordinaire mélange de droit civil et de droit canon. J'ai dû tout à l'heure, pour montrer l'esprit du Concordat, citer, non pas un article du Concordat lui-même, mais un des Organiques, le 24e, qui renferme en lui toute la doctrine de l'Eglise gallicane, de saint Bernard à Bossuet. Et cet article, qui prononce sur l'autorité des Conciles et les droits de l'évêque de Rome en matière de foi, Pie VII ne l'a pas approuvé, Pie VII ne l'a pas vu ! Les articles organiques se composent principalement de police et de théologie. C'est le sac où Bonaparte a mis, en riant, tout ce qu'il voulait cacher au Pape.

Chose remarquable : les prescriptions contenues dans la convention du 26 messidor an IX, que le Pape approuva, ont leurs sanctions dans les Organiques du 18 germinal an X que le Pape n'approuva pas. Il résulte de cette disposition que le gouvernement français ne put jamais user d'une de ces sanctions légales, sans soulever les protestations de la curie. Et si l'Etat doit appliquer les Organiques puisque c'est sa loi, l'Eglise doit réclamer contre cette application, car elle en a constamment répudié le principe. Tel est le régime de concorde institué en 1801[10].

Bonaparte n'avait pas besoin, il faut le reconnaître, de textes approuvés par le Pape pour contenir le clergé dans l'obéissance. Il pouvait, à son gré, emprisonner, déporter les prêtres, enlever le Pape, prendre Rome. Mais il ne songea pas assez que ce ne serait point toujours l'usage, et il prépara de grandes difficultés à ses successeurs.

L'article 70 de ces étranges Organiques dit que « tout ecclésiastique, pensionnaire de l'Etat, sera privé de sa pension s'il refuse, sans cause légitime, les fonctions qui pourront lui être confiées. » L'article 6 des Organiques dit qu' « il y aura recours au Conseil d'Etat dans tous les cas d'abus de la part des supérieurs et autres personnes ecclésiastiques. »

En cet endroit, le Concordat (pour lui laisser son nom dérisoire) s'inspire non plus des mœurs de la Révolution, mais des institutions de l'ancien régime : il prétend investir le Conseil d'Etat du droit des parlements, dont la compétence s'étendait sur les matières ecclésiastiques. Bonaparte pensait-il qu'un évêque put jamais reconnaître au Conseil d'Etat une autorité disciplinaire et s'incliner devant le blâme d'une compagnie de laïcs ? Et, quant à la suppression des traitements, ne prévoyait-il pas que la libéralité des fidèles y pourvoirait au décuple ?

Le Concordat ne saurait en aucune manière engager le Pape. Tout au moins, ce serait une loi française. Il aurait un sens, un effet, si nous avions une Eglise gallicane, un Conseil d'Etat gallican, un gouvernement gallican. Mais nous n'avons rien de cela, et la signification même de ces choses est perdue. Je doute que les remarques que j'en fais soient bien entendues, si ce n'est, par aventure, de quelque prêtre érudit et de quelque vieux magistrat.

Ah ! si comme l'espérait le léger Consul, l'Eglise gallicane avait été rétablie, l'épée du Concordat aurait aujourd'hui sa pointe tournée contre Rome, un Concile National aurait condamné vingt fois, depuis quarante ans, le Pape usurpateur, le Pape coupable de promulguer de nouveaux dogmes et de proclamer sa propre infaillibilité, au mépris des canons de l'Eglise.

Bonaparte et ses graves collaborateurs se sont trompés au point qu'on ne reconnaît plus leurs intentions. Faire une Eglise gallicane en 1801 ! Mais ce général rêvait ! Quand l'Eglise était un ordre dans l'Etat, quand elle possédait le tiers du sol et quatre milliards de biens, quand elle commandait au bras séculier, elle avait les moyens d'être gallicane. Encore arriva-t-il parfois que le Gesù la mit dans sa poche. Enfin elle était l'Eglise de France. Mais un clergé sans argent et sans terres ne sera jamais qu'un tas d'idolâtres romains ou de pauvres diables schismatiques.

Libre et séparé de l'Etat, le clergé de France allait au schisme. Le Concordat l'a rendu idolâtre.

CHAPITRE VIII

L'État doit-il se séparer de l'Église ?

C'est l'opinion générale que les pays libres doivent se séparer de l'Eglise. M. Ribot a écrit à un catholique : « La séparation de l'Eglise et de l'État s'imposera tôt ou tard parce qu'elle est dans le courant des idées modernes. » Anatole Leroy-Beaulieu a dit : « La séparation est l'aboutissement inévitable de la sécularisation des États contemporains ». Je pourrais apporter d'autres témoignages, mais non pas de plus graves.

Et pourquoi la séparation de l'Eglise et de l'État s'imposera-t-elle tôt ou tard ? Pourquoi les États sécularisés sont-ils fatalement amenés à la rupture ? C'est que le progrès de la civilisation dans les États détermine une distinction de plus en plus nette entre l'ordre civil et l'ordre religieux. Dans les sociétés primitives, le prêtre est roi. Les peuples, à mesure qu'ils se développent, rompent les bandelettes de la théocratie qui les enserraient dans leur enfance.

Voilà les raisons générales. Elles ne seront très apparentes qu'aux esprits spéculatifs. Il y en a de particulières qu'on trouvera plus sensibles. Il faut les chercher dans l'esprit même et dans la constitution du catholicisme moderne. Elles ont déjà été mises en lumière. Un ministre italien notamment, d'opinions modérées et d'esprit religieux, Minghetti, les a exposées en homme d'Etat, en historien et en philosophe.

Observant l'impatience des pays de liberté à briser les liens qui les attachent à l'Eglise, « la cause en est, dit-il, dans le conflit qui partout s'élève entre le clergé et les laïques. L'Eglise catholique, autrefois à la tête de la science et de la société, s'en est peu à peu éloignée et a fini par leur déclarer la guerre à toutes les deux. Plus elle perdait de fidèles, plus étroitement elle voulait tenir asservis ceux qu'elle conservait... Depuis trois siècles la Papauté s'étudie à supprimer, comme périlleuse, toute participation juridique des laïques et même du clergé au gouvernement de l'Eglise, et l'œuvre capitale de la religion n'est plus qu'une police. Le Syllabus et la déclaration solennelle d'infaillibilité ne sont malheureusement que les dernières conséquences de ce mouvement, et ils en sont certainement l'expression la plus éclatante : Le Syllabus, en effet, formule, pour les anathématiser l'un après l'autre, tous les principes essentiels des constitutions modernes et les droits dont les peuples sont le plus jaloux[11] ».

C'est dans ce sens qu'Emile Ollivier a dit qu'après le Syllabus le Concordat n'existait plus. En effet, comment l'Etat moderne pouvait-il désormais s'accorder avec une puissance qui le condamnait ?

La rupture ne se fit pas tout de suite, parce que les choses ne sont pas si simples qu'elles paraissent, parce que les hommes ne se conduisent pas seulement par la raison, mais aussi par l'habitude et les préjugés, et parce que l'esprit conservateur est très fort dans les sociétés. Mais pour tout homme réfléchi l'accord devenait de plus en plus difficile et précaire.

Les modérés, qui ne sont pas toujours aussi sages qu'ils croient, estimaient que la bonne intelligence régnerait entre l'Eglise et l'Etat à la condition que celui-ci restât dans le temporel, l'autre dans le spirituel et que les deux puissances ne sortissent point de leurs limites respectives. Les limites du spirituel et du temporel ! L'ancien régime ne les a pas connues. Bonaparte non plus, ni personne. C'est qu'il n'y en a pas. Le spirituel n'est connaissable que lorsqu'il se manifeste temporellement. Pour ne pas rester dans le vague, il faut parler des limites respectives du droit civil et du droit canon. Mais si un ministre de la République s'exprimait avec cette exactitude, on comprendrait tout de suite qu'il reconnaît des lois du dehors. C'est en effet à quoi le Concordat l'oblige, et comme il n'a pas, dans ses conseils, comme Louis IX, Charles VII, Philippe le Bel, Louis XIV et Charles X, des docteurs en l'un et l'autre droit, des théologiens très savants et des canonistes très experts, il est soumis à une législation étrangère qu'il ne connaît même pas. Que des ministres laïques et libres penseurs aient à discuter avec la curie des points de doctrine théologique et de discipline ecclésiastique, n'est-ce point absurde ? Et pourtant qu'ont-ils à faire autre chose sous le régime du Concordat ? Il faut donc que, victime de l'astuce étourdie de Bonaparte qui barbouilla de théologie la loi française, un ministre des cultes, l'élégant M. Leygues par exemple, dispute avec le Nonce sur la question de savoir si *Papa est dominus omnium beneficiorum*, sans avoir sous la main un concile, un synode, un évêque, un clerc, ni même, comme Bonaparte, un Fesch, un âne mitré, pour lui faire épeler les *decisiones Rotæ Merlini*. Cela est plaisant, mais cela est fâcheux.

Peut-être nos ministres libres penseurs ont-ils, par ignorance et par indifférence, autant accordé à l'Eglise romaine que n'avaient fait sciemment et par amour les ministres des monarchies.

Ils ont supporté ce qui avait, jusque-là, paru intolérable ; ils ont supporté l'intervention du Pape dans nos affaires intérieures, que dis-je ? ils l'ont approuvée. Quand Léon XIII s'avisa de soutenir la République au nom des droits qu'il pouvait invoquer pour la combattre, et quand il ne la soutenait, de son propre aveu, que pour en changer les lois, le gouvernement républicain l'en félicita publiquement et accepta avec reconnaissance ce que les vieux rois n'auraient point permis.

La vérité, c'est que les partis en France se jettent le Pape à la tête ! « Le Pape est avec moi, disait Jules Ferry, le Pape est républicain et colonial ». « Prenez garde que le Pape ne nous retire le protectorat des chrétiens d'Orient », disent les catholiques. Le Pape a une grande puissance en France, depuis qu'on n'y sait plus ce que c'est qu'un Pape. Le Concordat est un danger pour l'Etat, depuis que l'Etat ne sait plus ce que c'est que le Concordat.

« Traiter avec le chef étranger d'une Eglise, à laquelle appartiennent des citoyens français, sur le régime du culte, s'engager vis-à-vis de cet étranger à des obligations pécuniaires ou autres, c'est aliéner une part de la souveraineté de l'Etat et admettre une ingérence étrangère dans nos affaires intérieures. »[12]

Voilà une première raison de dénoncer le Concordat. Il y en a d'autres.

J'étais fort jeune lors d'un recensement qui fut fait sous le gouvernement de l'ordre moral, et dans lequel l'Etat, avec une curiosité qu'il n'eut jamais plus depuis lors, s'enquérait non seulement de l'état civil des habitants, mais aussi de leur religion. Un commissaire vint me trouver dans mon grenier. Il me fit les questions prescrites par le ministre. Je lui répondais et il marquait les réponses sur une grande feuille de papier disposée pour les recevoir. Quand il me demanda à quelle religion j'appartenais, je lui dis que je n'appartenais à aucune religion. C'était un homme timide et doux. Il sourit péniblement. « Cela ne fait rien, murmura-t-il. Je vous serais reconnaissant d'en choisir une pour la régularité de mes écritures. » Je lui déclarai par obligeance que j'étais bouddhiste. Et c'était vrai à cette heure-là. Aux esprits mobiles, inquiets et curieux, apparaît chaque jour quelque aspect nouveau du divin. De quel profit nous serait la liberté de penser si nous ne nous en servions pas pour découvrir la vérité contenue dans toute religion ? — « Bouddhiste ? » — « Oui, Monsieur, bouddhiste. » Il suça le bout de son crayon, regarda tour à tour sa feuille et le bouddhiste avec l'expression d'un douloureux embarras. Puis il soupira : « C'est que je n'ai point de colonne pour le bouddhisme. » Il n'avait, en effet, sur son papier que trois colonnes de religions. L'Etat ne reconnaît que trois formes du divin.

Il y a dans notre pays un homme qui porte un titre sacré. Il s'appelle le Directeur des Cultes. Il étend la main sur la cathédrale, le temple et la synagogue, il administre le tabernacle où sont renfermées les saintes espèces, l'autel nu de la Confession d'Augsbourg et les tables de la Thorah. Il reconnaît trois vérités augustes. Pourquoi n'en reconnaît-il pas quatre, ou cinq, ou même davantage ? Il est catholique, juif ou luthérien. Pourquoi n'est-il pas aussi musulman ? C'est la religion la plus répandue sous le drapeau français[13]. Pourquoi n'est-il pas bouddhiste, fétichiste, guèbre ? Il administre trois cultes. Pourquoi n'administre-t-il pas tous les cultes ?

Si vous le lui demandez, il vous répondra sans trouble qu'il a dans son bureau des cartons verts et des layettes pour les évêques, les pasteurs évangéliques et les rabbins, et qu'il n'a ni layettes, ni cartons pour les lamas, les muezzins et les bonzes ; que trois religions seulement constituent de la matière administrative, que toutes les autres n'en constituent pas, qu'il y a trois religions de bureau, qu'il y en aura toujours trois et qu'il n'y en aura jamais que trois, car les attributs des bureaux sont l'immobilité et la durée.

Bonaparte l'a voulu. En vertu de la loi du 18 germinal an X, concernant les cultes catholique et protestant, et en vertu des décrets des 17 mars et 21 décembre 1808, relatifs au culte israélite, le ministre des Cultes, comme le père de la belle parabole juive, a trois anneaux. Il ne nous dit pas quel est le bon, en quoi il est sage. Mais, s'il en a plus d'un, pourquoi n'en a-t-il que trois ? Notre père céleste a donné à ses fils plus de trois anneaux sans qu'ils puissent discerner le véritable. Monsieur le Ministre des Cultes, pourquoi n'avez-vous pas tous les anneaux de notre père céleste ?

Vous accordez un traitement à certains cultes et vous n'accordez pas de traitement à certains autres. Pourquoi ? Vous ne prétendez pas vous faire juge de la vérité religieuse. Vous n'entendez pas désigner les trois religions qui la possèdent, puisque l'une des trois voue à la mort éternelle ceux qui professent les deux autres. Vous savez, Monsieur le Ministre, ce que l'Eglise catholique pense des juifs. Vous avez vu bien des fois sur le portail de nos cathédrales, aux côtés d'un Christ en croix, deux femmes portant les insignes de la royauté. L'une se tient debout, pleine de majesté : c'est l'Eglise. L'autre chancelle. Elle a sur les yeux un bandeau, sa couronne tombe de sa tête, son sceptre lui échappe des mains. C'est la Synagogue. Et vous subventionnez l'une et l'autre. Vous savez ce que l'Eglise catholique pense des réformés. Vous avez sans doute remarqué sur une des belles stalles de la cathédrale d'Auch un cochon prêchant en chaire, avec ce nom profondément gravé dans le bois : Calvin. Et vous subventionnez l'Eglise catholique et l'Eglise réformée ! N'exagérez-vous pas ainsi l'absurdité nécessaire au gouvernement des hommes ? et ne vous mettez-vous pas en contradiction avec le droit public des Français ?

L'Etat donne cinquante millions par an à l'Eglise catholique ; il lui livre les évêchés et les églises avec leurs cloches, leurs ornements et leurs trésors, avec les chaires du haut desquelles les prêtres enseignent leurs vérités. Il n'est pas juste que tous les citoyens concourent à l'entretien d'un culte qu'ils ne pratiquent pas tous. M. Emile Ollivier répond à cela que dans toute société il y a des services qui ne profitent pas à chacun de ses membres[14]. Mais il ne suffit pas de poser ici le principe de la solidarité en matière d'impôt. Tout le monde reconnaîtra qu'il n'en est pas d'une église subventionnée comme d'un théâtre subventionné. Les millions des Cultes ne sont pas seulement une question de budget. C'est une affaire qui intéressera liberté de conscience.

Faisant de la religion un service public, vous lui assurez la faveur de l'administration et le respect des administrés. Bien plus. Vous reconnaissez l'autorité du Pape par le seul fait que vous négociez avec lui. Vous la reconnaissez au spirituel comme au temporel. Et M. l'évêque Bardel a pu vous dire : L'Etat, en traitant avec l'Eglise, « reconnaît, de ce fait, son existence, son action, ses droits et jusqu'au caractère surnaturel de son origine et de sa fin ».

Et qu'après cela l'Etat reconnaisse encore l'existence et le caractère surnaturel de deux autres religions, c'est son affaire et non celle de Rome. L'absurdité reste à son compte et ne peut être attribuée à l'Eglise catholique.

Du fait du Concordat, l'Etat laïque croit et professe la religion catholique, apostolique et romaine.

Est-ce là se conformer au droit public d'une démocratie qui ne reconnaît pas de domination confessionnelle ?[15] Raisons puissantes de dénoncer le Concordat.

Que l'Etat soit en droit de le faire, ce n'est point douteux. La dénonciation unilatérale d'un traité est chose licite et prévue[16]. Un contrat de société ne saurait durer indéfiniment contre le gré de l'une des parties ; et, si les individus ne peuvent s'engager ainsi pour la brève durée de leur vie, les États le pourraient-ils faire, eux qui vivent une longue suite de générations ? Mais pour ce qui est du Concordat, il ne s'agit pas de rechercher les conditions dans lesquelles la République le doit dénoncer, car le gouvernement pontifical l'a dénoncé déjà par son refus constant d'en observer les clauses onéreuses. C'est ce que dit aujourd'hui le gouvernement français, et ce n'est pas assez dire. La vérité est que Rome n'a jamais accepté le Concordat, puisque Pie VII et ses successeurs ont constamment refusé de reconnaître les articles organiques, qui en font partie intégrale.

Aussi quand je parle de dénoncer l'ombre d'une convention qui n'existe plus ou qui n'exista jamais, on ne doit pas prendre ce terme dans sa rigueur juridique. Il ne faut pas que les mots soient plus

solides que les choses.

CHAPITRE IX

Comment l'État doit-il se séparer de l'Église ?

On a dit gravement que l'abrogation du Concordat fera perdre à l'Etat les moyens d'agir en tout temps, par les évêques, sur le langage et les actes du clergé. Mais le

Concordat proprement dit ne donne à l'Etat aucun moyen d'action sur ses évêques. Les Organiques, non reconnus par le Pape, donnent au gouvernement le droit de faire déclarer par les canonistes du Conseil d'État que si un évêque agit contrairement aux lois de la République, il y a abus, ce que ni l'évêque, ni ses fidèles ne croient, parce que le Conseil d'Etat n'a point pour eux d'autorité en matière de discipline ecclésiastique et que d'ailleurs l'appel comme d'abus est prohibé par l'article 41 du Syllabus. Le gouvernement se donne un autre droit que la curie ne reconnaît pas davantage. Il retire aux évêques et aux curés séditieux leur traitement concordataire, leur infligeant de la sorte, sans élégance, une peine sans efficacité, puisque ce traitement est rendu à l'évêque et aux curés par les contributions des fidèles. Voilà ce que peut un ministre des Cultes sur un évêque.

En donnant les raisons de dénoncer le Concordat, j'ai oublié la meilleure : C'est qu'il n'y a pas de Concordat, qu'il n'y en a jamais eu.

Et Rome le sait bien. Pour elle, le Concordat ne fut jamais un traité. C'est un passeport. C'est le papier qui lui donne ses sûretés et la libre circulation dans la République. Elle y tient pour cela. Sans ce papier, elle perd son signalement et son nom en France.

En son allocution consistoriale du 27 septembre 1852 et par l'article 55 du Syllabus du 8 décembre 1864, le pape Pie IX a mis au rang des principales erreurs de notre temps cette proposition que l'Eglise doit être séparée de l'Etat, et l'Etat de l'Eglise.

L'Eglise, en effet, ne peut volontiers se laisser exclure des États où elle prétend dominer. Si, par le Concordat, elle ne dirige pas les affaires de la France, tout au moins elle y participe. Le Concordat est le dernier et précieux vestige de son antique union avec l'Etat et l'endroit par lequel elle peut espérer encore reprendre le gouvernement des mœurs et ramener le bras séculier à l'obéissance. En vertu du Concordat, M. Loubet, successeur de Charlemagne, est, dans la Gaule chrétienne, le vicaire temporel du Pape. Si la soumission du Président de la République à l'Eglise n'est pas entière et pleine, s'il ne tire pas l'épée pour restituer à Pierre son patrimoine, sa malice et le malheur des temps en sont cause. Cette calamité peut cesser. Mais si le Concordat est déchiré, le Saint-Siège perd le seul titre qui lui reste à participer au gouvernement de la République. Il n'a plus de prise sur la France.

Rome veut maintenir le principe concordataire comme un reste de son vieux droit inquisitorial et parce que la séparation l'effraye. Léon XIII considérait la rupture comme un désastre[17]. Ici, quelques-uns de ses amis politiques eurent d'abord la finesse de cacher leurs craintes. Mais, le péril approchant, ils ne songèrent plus qu'à le conjurer. Le Clergé est unanime à demander le maintien d'une loi qu'il n'observe pas et les évêques français déplorent à l'envie une rupture qu'ils ont rendue inévitable. M. Fuzet pense que c'est la fin du culte et M. Dubillard croit que ce sera la perte de la foi pour les âmes tièdes. Il est vrai qu'il espère que les âmes ardentes en deviendront plus ardentes. Mais il y en a peu.

Quand on affirme que l'Eglise sera plus forte après la séparation qu'elle ne l'était avant, il faudrait montrer d'abord ce qu'elle gagnera à perdre un budget de cinquante millions. Ces cinquante millions les retrouvera-t-elle ? Elle recueillera plus encore dans les premiers temps. Mais ensuite ? Les paysans sont économes, les bourgeois sont déjà accablés de charges pieuses ; le denier de Saint-Pierre, les congrégations, l'enseignement ultramontain pèsent sur eux. Une association fondée dans le diocèse de Quimper fournit déjà cinquante mille francs aux ecclésiastiques privés de traitement. Et combien il sera pénible au clergé de quêter chez les hobereaux, chez les douairières ! Un prêtre de Laval, tout en gardant sa belle et vaillante humeur, en a d'avance le frisson :

« Aujourd'hui, dit-il, l'Etat nous remet le mandat sans nous demander aucun compte. Demain, quand nous aurons affaire aux comités, il faudra s'expliquer à chaque instant avec le président, contenter Pierre et ne pas déplaire à Paul. Malheur à nous si nous nous mettons à dos quelque dévote influente. La tyrannie de la République sera remplacée par la tyrannie des grenouilles de bénitier. »[18]

M. de Lanessan pense que le peuple de France n'est pas assez croyant pour faire de grands sacrifices à sa foi. Il est bien difficile d'évaluer le nombre des fidèles. Je ne sais où Taine a pris que sur trente-huit millions de Français, il y a quatre millions de catholiques pratiquants, parmi lesquels un grand nombre de femmes et d'enfants. C'est possible. M. Dupanloup, évêque d'Orléans, sur les trois cent cinquante mille catholiques de son diocèse, en comptait trente-sept mille qui faisaient leurs pâques. M. l'abbé Bougrain, dans ses estimations plus récentes, trouve un chiffre approchant.

Un très distingué député de la droite, M. Jules Delafosse, a observé que, dans une partie du Limousin, entre l'Indre et la Creuse, les paysans étaient étrangement détachés des pratiques religieuses.

« Il y a encore dans chaque commune une église et un curé, dit-il ; mais il est à peu près seul à y entrer. Dans la commune où je me trouvais, il n'y avait guère que moi et les miens à la messe du dimanche. On n'y voit ni femmes, ni jeunes filles, ni garçons. Les enfants même qui préparent leur première communion ne vont pas à la messe ! Il n'y a pas trace, d'ailleurs, d'hostilité contre la religion. Ce n'est pas même une indifférence absolue. Car il y a certaines fêtes de l'année, comme Pâques, la Toussaint et Noël où tout le monde reparaît à l'église. On fait baptiser les enfants, on leur fait faire leur première communion, on se marie et l'on se fait enterrer suivant le rite catholique. Mais ce sont là des gestes purement ataviques, auxquels les gens d'aujourd'hui ne mêlent ni un sentiment, ni une croyance qui leur soit propre. »[19]

Une enquête, ouverte par le journal *le Briard,* s'étend sur 416 communes de la Brie et embrasse une population de

216.000 habitants. Il résulte de cette enquête que dans le nombre cinq mille deux cents pratiquent leur religion, soit deux pour cent[20].

Dans la partie de la Gironde que je connais, l'Entre-deux-Mers et la Benauge, toutes les femmes vont le dimanche à la messe avec les enfants. Les hommes restent presque tous sur la place de l'église et causent de leurs affaires.

Mais ce sont là, sur les consciences de plus de trente millions de Français, des clartés éparses et rares, et qui peuvent être trompeuses. Il y a plusieurs raisons d'aller à la messe, qui ne sont pas toutes des raisons pieuses. La vanité, la mode, l'intérêt, aussi bien que la dévotion, ont leurs chaises à la paroisse. Au contraire, bien des âmes ne s'approchent pas des Sacrements et se tiennent éloignées des offices, qui sont tièdes et non point rebelles, et, pour parler le langage ecclésiastique, il est des pécheurs en qui la foi n'est pas morte.

Et, alors même que nous pourrions compter les âmes croyantes, serions-nous en état de faire le dénombrement des forces de l'Eglise ? Ces forces ne résident plus dans la commune croyance des peuples. La religion romaine, telle que l'ont faite les Jésuites, se réduit à quelques superstitions grossières et à de basses et machinales pratiques. Elle a perdu toute autorité morale. Elle a pour elle la coutume, la tradition, l'usage. Elle profite de l'indifférence générale. Pour beaucoup de gens, à la ville comme à la campagne, l'église est un établissement plus civil que religieux, qui tient de la mairie et de la salle de concert. On s'y marie, on y porte les nouveau-nés et les morts. Les femmes y montrent leurs toilettes. Aujourd'hui, enfin, le clergé est soutenu par tout ce qui possède. Les gros propriétaires, les industriels, les financiers, les juifs riches sont les colonnes de l'Eglise romaine. C'est là une force, non toutefois une très grande force dans un pays où, comme dans le nôtre, il y a peu d'indigents.

La proposition Pressensé, très étudiée et très réfléchie, la proposition Réveillaud, judicieuse et modérée, le projet de la commission auquel est justement attaché le nom du rapporteur, Aristide Briand, le projet que le Gouvernement vient de déposer au moment où j'écris ces pages, se rencontrent, en dépit de nombreuses divergences, pour esquisser la constitution d'un régime sous lequel l'Etat ne connaîtra plus d'Eglise et ne verra devant lui que des « Sociétés civiles pour l'exercice du Culte », soumises à la loi de 1901 sur les associations.

Il n'est point soutenable que l'Etat soit débiteur d'une somme quelconque envers ces « sociétés civiles ». Le traitement garanti au Clergé par le Concordat cesse avec le Concordat et n'est réversible sur personne. Nous avons vu tout à l'heure que ce traitement n'avait en aucune façon le caractère d'une indemnité ; que ce n'était pas du tout la rente d'une dette contractée en 1790 par l'Assemblée nationale. L'abbé Odelin crie qu'on dépouille l'Eglise et qu'elle ne se laissera pas faire. Mais ses cris ne seront point entendus. L'Etat est persuadé qu'il ne doit rien au Clergé. « Je n'ai pas le sentiment, a dit M. Charles Dupuy, que le traitement des ecclésiastiques soit une dette perpétuelle de l'Etat vis-à-vis de l'Eglise. »

Les « Sociétés civiles pour l'exercice du Culte » seront libres et d'ouvrir des églises et de réunir des capitaux afin de louer ou de construire les édifices nécessaires au culte. Par une précaution que Minghetti et Laveleye jugeaient nécessaire, le projet Briand limite, dans leur mode et leur mesure, les revenus de ces sociétés. Mais il leur garantit une dotation immédiate en leur attribuant les revenus des fabriques et des menses, en réservant expressément les églises au service du culte catholique et en faisant des pensions viagères aux prêtres vieux et infirmes. Et sans doute ces pensions ecclésiastiques peuvent être votées, mais non pas, certes, avant les retraites ouvrières.

Il n'est nullement dans mon dessein d'examiner de près l'économie de ces divers projets. C'est aux légistes expérimentés qu'il appartient de faire cette longue et difficile étude. Mais j'ai le devoir de donner ici un avertissement utile ; j'ai le devoir de dire qu'il faut se garder soigneusement de tout ce qui pourrait ressembler à une nouvelle constitution civile du clergé ; qu'il faut éviter, comme un danger redoutable, de reconstituer un État religieux dans l'État laïque[21], et que si l'on défait le Concordat ce n'est pas pour le refaire tout aussitôt sans le Pape.

Il y aurait encore bien des observations à présenter. Il est permis de se demander, par exemple, si l'État a le droit d'abandonner gratuitement quarante-cinq mille églises, avec leurs évêchés, petits séminaires et presbytères, dont la valeur locative passe cent millions ? Il est entendu que, en se séparant de l'Eglise, la République ne cherche pas à se faire de l'argent. Mais enfin, est-il à propos qu'elle dote richement des sociétés cultuelles aux dépens de la nation ? Ne sommes-nous pas assez instruits par l'exemple de la Belgique ? La Belgique est séparée de l'Eglise, qu'elle paye et qui la dévore. Voulez-vous vous séparer à la belge ? Pourquoi donner à l'Eglise ce qu'on ne lui doit pas, et lui refuser ce qu'on lui doit ?

Le plus honnête et le plus sage sera d'établir pour elle un régime de liberté. Nous dirions qu'il faut lui donner la liberté, si ce n'était pas là une expression purement métaphysique, qui ne représente rien de sensible ni de réel. Il n'y a point dans un État une liberté. Il y a des libertés qui se limitent les unes les autres. Nous dirons qu'il faut accorder à l'Eglise toutes les libertés possibles.

Depuis qu'on s'attend en France à la dénonciation du Concordat, beaucoup de personnes laïques et libérales, parmi lesquelles se remarque M. René Goblet, font de cette formule « l'Eglise libre dans l'État libre », comme la devise de la séparation. M. René Goblet est un ami généreux de la liberté. Il la retrancherait à son parti plutôt que d'en priver ses adversaires. « L'Eglise libre dans l'État libre ». La phrase a plus de quarante ans ; elle est de Montalembert, qui l'expliquait par cette autre phrase : « La liberté de l'Eglise fondée sur les libertés publiques »[22]. M. de Cavour, après l'invasion des États pontificaux, se l'appropria. Dans sa bouche, elle prit un sens nouveau et devint italienne, je veux dire fine. Elle signifiait : « Le roi dépouille le Pape de son patrimoine et lui baise les pieds ». C'est toute la politique de la maison de Savoie, qui se fait excommunier à Rome et bénir à Turin. Voici comment, à son tour, M. Goblet explique cette formule :

« L'Eglise libre dans l'État libre, cela signifie le libre exercice des religions, l'État ne connaissant plus les églises, et les églises n'ayant plus affaire à l'État, les ministres des différents Cultes étant soumis aux mêmes lois que les autres citoyens ». Mais l'évêque Dubillard dit que c'est une utopie et Ranc dit que c'est une bêtise. Ç'avait déjà été l'avis du comte Henri d'Arnim. Selon lui, *Chiesa libera in Stato libero*, c'était *Chiesa armata in Stato disarmato*. Faguet, qui est toujours intelligent et quelquefois terrible, a dit à ce sujet un mot très fort : « Une Eglise libre, c'est un parti ». Sans doute, c'est un parti, et c'est aussi une administration. C'est un parti organisé, un État dans l'État, une puissance.

On réclame pour l'Eglise le droit commun. Rien de plus juste, mais, par malheur, le droit commun, applicable à qui ne fait rien et n'est rien, cesse dès qu'on est ou qu'on fait quelque chose. Car on se trouve alors dans une condition déterminée. Et il y a un droit spécial à chaque condition. Je ne suis pas le premier à m'en aviser. Il y a des lois spéciales pour les médecins, pour les pharmaciens, il y a des lois spéciales pour les serruriers. Un évêque n'est pas moins considérable au regard des lois qu'un serrurier. Nous sommes tous et à tout moment en dehors du droit commun.

Et l'Eglise elle-même, est-elle si désireuse de s'y ranger ? Elle le revendique lorsqu'elle y a avantage. Elle le repousse dès qu'il la gêne. Contradictions de l'esprit, logique du cœur. Elle le veut pour constituer librement ses associations, elle le refuse si la loi de 1901 doit limiter les ressources de l'association aux seules cotisations de ses membres. Elle le veut comme locataire pour n'être assujettie qu'aux réparations locatives ; elle le refuse si le propriétaire est libre de choisir son locataire et de fixer le taux du loyer. Elle le veut pour assurer aux cérémonies du culte la liberté de réunion, elle le refuse s'il l'oblige à faire les déclarations préalables[23].

Ne croyez pas contenter l'Eglise en lui donnant la liberté. Elle s'en accommode aux Etats-Unis. C'est qu'elle y est en minorité et que la liberté lui donne les moyens de s'accroître et de s'enrichir et que par elle ses communautés font des progrès surprenants. C'est aussi que, confondue avec les autres Eglises chrétiennes, elle est protégée dans presque tous les Etats de l'Union à l'égal de ces Eglises. En France, où elle est la religion de la majorité, elle ne veut pas être libre, elle veut être souveraine.

Elle sera l'implacable ennemie du gouvernement qui l'aura délivrée. Ne craignons pas l'avenir qu'elle nous prépare, mais sachons le prévoir. Le Concordat dénoncé, le Pape devient seul chef de l'Eglise de France. Quand seul il nommera les évêques, il faut s'attendre à ce qu'il les choisisse dans les ordres monastiques et qu'il remplace les évêques concordataires à mesure des extinctions par des

Jésuites, des Assomptionnistes et des Capucins. L'administration des diocèses passera peu à peu à des moines qui y déploieront leur esprit d'affaires et d'intrigues, un génie commercial qui passe celui des Juifs, le sens et le goût des entreprises secrètes, des affiliations, des complots et des acheminements ténébreux. Il y aura des évêques rusés, il y en aura de violents. Plusieurs, sans doute, se jetteront dans cette démagogie que les *Croix* de Paris et des départements ont pratiquée avec un art grossier et puissant et qui a profondément troublé la République.

L'Eglise appellera la violence. Il lui faudra des martyrs. Tout son espoir est dans la guerre religieuse. La première séparation de l'an III lui fut favorable parce qu'elle avait été précédée de la Terreur et qu'elle s'accomplit sous des lois sanglantes. L'Etat, en persécutant les prêtres, leur donnerait une force nouvelle. Il ne les vaincra qu'en leur opposant une invincible tolérance.

Point de vexations ni de tracasseries. Pour être efficaces, il faut que les lois aient autant de douceur que de fermeté. Si nous sommes sages, nous amortirons par la profonde équité de nos lois et de nos mœurs les colères et les haines de l'Eglise séparée. Les mandements séditieux se noieront dans la liberté de la presse ; les sermons révolutionnaires tomberont dans la liberté de réunion.

La vertu de la séparation est dans la séparation elle-même et non dans les sévérités légales qu'on y pourrait mettre. La séparation atteint l'Eglise dans son principe même. Ce qu'il y a d'essentiel à l'Eglise romaine, ce qui la constitue, c'est son unité. Et cette unité nécessaire c'est le pouvoir civil qui la lui assure dans les nations catholiques ; c'est l'Etat concordataire qui la garantit contre le schisme.

Il prend soin d'indiquer entre les évêques, entre les curés, quel est le romain, et veille à chasser les intrus. Il s'applique à faire connaître que le pasteur des âmes qui l'outrage du haut de la chaire sacrée est le véritable pasteur ; c'est trop de sollicitude. Après la séparation, il ne s'emploiera plus à faire le discernement des évêques orthodoxes et des évêques hétérodoxes, et les fidèles se partageront entre les uns et les autres. Le pouvoir spirituel du Pape est illimité. Mais tout pouvoir spirituel, pour s'exercer pleinement, a besoin du pouvoir temporel ; c'est précisément l'opinion de l'Église. La liberté produit naturellement la diversité. Sous le régime futur, les églises dissidentes ne seront point étouffées en naissant. On verra s'épanouir une multitude de sectes rivales. L'unité d'obédience sera brisée.

Quand l'Empereur Julien retira aux chrétiens la faveur impériale, il ne les persécuta pas. Il fit cesser l'exil des évêques ariens, et aussitôt l'Eglise du Christ fut déchirée.

En 1874, Ernest Renan a dit, avec une profonde connaissance des choses religieuses :

« La liberté, j'entends la vraie liberté, celle qui ne s'occupe pas plus de protéger que de persécuter, sera la destruction de l'unité religieuse en ce qu'elle a de dangereux. L'unité catholique... ne repose que sur la protection des Etats... L'Etat concordataire, même persécuteur, donne bien plus à l'Eglise, par les garanties dont il la couvre, qu'il ne lui enlève par ses vexations. Retirer du même coup les garanties et les lois tracassières, voilà la sagesse. Le tort de toute grande Communauté religieuse, qui n'a pas une force extérieure pour maintenir son unité, est la division. La Communauté a des biens, une individualité civile. Tant que le pouvoir maintient le sens de la dénomination de cette Eglise, déclare, par exemple, qu'il ne reconnaît pour catholiques que ceux qui sont en communion avec le Pape et admettent telle ou telle croyance, le schisme est impossible ; mais le jour où l'Etat n'attache plus aucune valeur dogmatique aux dénominations des Eglises, le jour où il partage les propriétés au prorata du nombre, quand les parties contendantes viennent se présenter devant ses tribunaux en déclarant ne pouvoir plus vivre ensemble, tout est changé immédiatement. »[24]

Et si les Eglises rivales voulaient le prendre pour juge de leurs querelles, l'Etat, sourd à leurs cris, leur répondrait par la sage parole du proconsul d'Achaïe :

« S'il s'agissait de quelque injustice ou de quelque mauvaise action, je me croirais obligé de vous entendre avec patience. Mais s'il ne s'agit que de contestations de doctrines, de mots et de votre loi,

démêlez vos différends comme vous l'entendrez, car je ne veux point m'en rendre juge. »[25]

CHAPITRE X

Conclusion.

Depuis que Bonaparte a restauré le culte en France tous les gouvernements qui se sont succédé ont accru la richesse et la puissance de l'Eglise, et ce ne sont pas ceux qui l'ont le plus aimée qui l'ont le mieux servie. La Restauration fit moins pour elle par amour que le gouvernement de Juillet et le second Empire par intérêt ou par peur. Et certes un Villèle n'était pas capable de lui rendre les services qu'elle a reçus d'un Guizot. Quant à la troisième République, née dans les convulsions de cette Assemblée de Versailles qui voua la France au Sacré-Cœur, elle grandit sous le péril romain qu'elle ne pouvait pas toujours conjurer, qu'elle ne sut pas toujours regarder en face et qui la menace encore.

La fixité des mots, qui désignent des choses mouvantes, trompe les esprits et cause de faux jugements. Les noms de Pape et d'Eglise demeurent, mais ils ne représentent autant dire rien de ce qu'ils représentaient il y a cent ans, il y a seulement trente ans. Depuis 1869, depuis le Concile du Vatican et la retraite du Souverain Pontife dans sa forteresse spirituelle, une papauté nouvelle est née. Au pape Roi a succédé le pape Dieu. Le nouveau dogme de l'infaillibilité, qui sembla un coup de folie religieuse, fut un acte d'habileté politique.

Promulgué à l'heure où Pie IX perdait les derniers restes de son domaine royal, ce dogme substituait à la souveraineté abolie des Légations la souveraineté éventuelle de l'univers. En disparaissant à jamais derrière le Vatican, ce palais sans façade et presque sans abords, le Pape semblait dire : « Quand j'aurai laissé Rome à l'impie, quand je ne serai plus nulle part sur la terre, je serai partout et ma Rome sera le monde. » Expansion violente de la papauté subtilisée ! Si l'infaillibilité du Pape en matière de dogme est d'ordre théologique, l'infaillibilité du Pape en matière de morale est d'ordre politique ; c'est la mainmise sur toutes les consciences, c'est la direction temporelle des sociétés, c'est le *Syllabus* imposé aux États comme acte constitutionnel.

Rêve ? Non pas ! Réalité solide. Et ce n'est pas Pie IX seul qui a fait cela ; ce ne sont pas seulement ses cardinaux, ce sont les Eglises de toutes les nations, c'est l'Eglise. Et dès lors, pour s'emparer de la conscience des individus et des peuples par tout le globe, la papauté mit en marche l'armée la mieux commandée et la plus disciplinée qu'on eût jamais vue, évêques, prêtres, moines et les tiers ordres.

Sans doute la papauté avait aspiré de tout temps à la domination universelle et médité de suspendre la terre à l'anneau du Pêcheur. Depuis le douzième siècle, les papes disputèrent à nos rois le gouvernement du royaume. Mais qu'était le Pape d'alors auprès du Pape d'aujourd'hui ? « Vous êtes non pas le seigneur des évêques, mais l'un deux », disait saint Bernard au Pape. Et Bossuet, citant cette parole, ajoutait : « Voilà ce qu'ont toujours dit ceux qui ont été parmi nous les plus pieux. »

Et, pour affronter l'Eglise du dehors, les rois de France avaient leur Eglise, la plus riche et la plus populeuse de la chrétienté. A la veille de la Révolution, le clergé, premier ordre de l'Etat, formait une armée de cent mille hommes et possédait trois milliards de biens fonds, cent millions de dîmes. C'était une force invincible aux mains du roi. Il n'en usait pas toujours de la même manière ; tantôt il se servait de son Eglise pour combattre le Pape, tantôt il s'entendait avec le Pape pour la réduire, ou bien encore il la laissait, pervertie par ses chefs, se donner elle-même au Pape. C'est ainsi que le vieux Louis XIV, après avoir opposé au Saint-Siège les libertés gallicanes, devint tristement ultramontain. Mais, au besoin, les parlements défendaient le pouvoir du roi contre le roi lui-même. Et l'Etat retrouvait toujours sa propre Eglise quand il voulait résister aux usurpations du prince romain. Vous, ministres de notre démocratie, pour vous défendre, que vous reste-t-il aujourd'hui ? L'Eglise des Gaules a passé à l'étranger. Vous n'avez plus chez vous qu'une milice ultramontaine, des prêtres, des moines, soldats du Pape, qui campent dans la République démantelée.

Vos évêques sont vos ennemis, vos ennemis irrités. Le vieux Montalembert, catholique ardent, défenseur généreux du Saint-Siège, ne put voir sans douleur et sans effroi l'abdication de l'épiscopat national devant les usurpations de la papauté. Quelques mois avant sa mort, il écrivait à un catholique allemand : « Si vous pouviez vous figurer l'abîme d'idolâtrie où est tombé le clergé français ! »

Depuis lors, l'Eglise de France s'est enfoncée plus profondément dans l'idolâtrie étrangère. Depuis lors, la papauté est devenue plus avide de domination. Elle vous craint moins encore qu'elle ne craignait Napoléon III, qu'elle a poussé à sa ruine et à notre désastre[26], et elle vous hait davantage. Elle a été sans pitié pour l'empereur, parce que l'empereur, lui donnant beaucoup, ne lui donnait pas tout. Interrogez ce présage et songez qu'une plus implacable menace est sur vous. Car enfin les gouvernements catholiques, quand ils se repentaient et s'il en était temps encore, elle les recevait à merci. Mais vous, vous n'avez pas de pardon à attendre d'elle, vous êtes à ses yeux comme si vous n'étiez pas, puisque vous n'êtes plus catholiques. Elle vous a irrévocablement jugés et condamnés. Elle hâte le moment d'exécuter la sentence. Vous êtes ses vaincus et ses prisonniers. Elle augmente tous les jours son armée d'occupation ; elle étend tous les jours ses conquêtes. Elle vous a pris déjà le gros de votre bourgeoisie ; elle enlève des villes entières, assiège les usines; elle a des intelligences, vous le savez bien, dans vos administrations, dans vos ministères, dans vos tribunaux, dans le commandement de votre armée. Ne lui demandez pas la paix, elle ne veut pas, elle ne peut pas vous l'accorder. Si vous suivez à son égard les règles de vos prédécesseurs, la politique de la Restauration, de la monarchie de Juillet et du second Empire, vous serez amenés à lui donner assez pour la fortifier encore et trop peu pour vous la rendre pacifique ; et vous vous serez fait seulement une ennemie plus redoutable. Gardez-vous de lui rien céder : elle ne vous cédera rien. Elle médite cette fois, non plus de faire concourir le pouvoir laïque à ses desseins et à sa gloire, mais de l'anéantir pour son infidélité. Elle prend votre place, elle se substitue à vous. Le gouvernement temporel des papes, qui était la honte de l'humanité, votre Eglise travaille ouvertement à l'établir chez vous ; elle veut faire de la France une province des États pontificaux universels. Elle a déjà dressé sur la butte Montmartre le Saint-Pierre de la Rome nouvelle.

Mais ces forces qu'elle tourne contre vous, de qui les tient-elle ? De vous ! C'est vous qui, par le Concordat, maintenez son organisation, son unité. C'est vous qui la constituez en puissance temporelle. C'est vous qui l'opposez à la République et qui dressez en face du pouvoir civil français le pouvoir civil romain. C'est vous qui lui donnez les armes dont elle vous frappe. Pour les lui retirer, qu'attendez-vous ? Administrée par vous, elle domine toutes vos administrations. Rompez les liens par lesquels vous l'attachez à l'État, brisez les formes par lesquelles vous lui donnez la contenance et la figure d'un grand corps politique, et vous la verrez bientôt se dissoudre

dans la liberté.

TEXTE DU CONCORDAT ET DES ARTICLES ORGANIQUES

LOI DU 18 GERMINAL AN X

RELATIVE A L'ORGANISATION DES CULTES

Au nom du peuple français, Bonaparte, premier Consul, proclame loi de la République le décret suivant, rendu par le Corps législatif le 18 germinal an X, conformément à la proposition faite par le Gouvernement le 15 dudit mois, communiqué au Tribunat le même jour.

La convention passée à Paris, le 26 messidor an IX, entre le Pape et le Gouvernement français, et dont les ratifications ont été échangées à Paris, le 23 fructidor an X (10 septembre 1801), ensemble les articles organiques de ladite convention, les articles organiques des cultes protestants, dont la teneur suit, seront promulgués et exécutés comme des lois de la République.

CONVENTION

ENTRE LE GOUVERNEMENT FRANÇAIS ET SA SAINTETÉ PIE VII

Le Gouvernement de la République reconnaît que la religion catholique, apostolique et romaine est la religion de la grande majorité des citoyens français.

Sa Sainteté reconnaît également que cette même religion a retiré et attend encore en ce moment le plus grand bien et le plus grand éclat de l'établissement du culte catholique en

France et de la profession particulière qu'en font les Consuls de la République.

En conséquence, d'après cette reconnaissance mutuelle, tant pour le bien de la religion que pour le maintien de la tranquillité intérieure, ils sont convenus de ce qui suit :

Article premier. La religion catholique, apostolique et romaine sera librement exercée en France. Son culte sera public, en se conformant aux règlements de police, que le Gouvernement jugera nécessaire pour la tranquillité publique.

II. Il sera fait par le Saint-Siège, de concert avec le Gouvernement, une nouvelle circonscription des diocèses français.

III. Sa Sainteté déclare aux titulaires des évêchés français qu'elle attend d'eux avec une ferme confiance, pour le bien de la paix et de l'unité, toute espèce de sacrifices, même celui de leurs sièges.

D'après cette exhortation, s'ils se refusaient à ce sacrifice, commandé par le bien de l'Église (refus, néanmoins, auquel Sa Sainteté ne s'attend pas), il sera pourvu par de nouveaux titulaires au gouvernement des évêchés de la circonscription nouvelle, de la manière suivante :

IV. Le premier Consul de la République nommera, dans les trois mois qui suivront la publication de la bulle de Sa Sainteté, aux archevêchés et évêchés de la circonscription nouvelle. Sa Sainteté conférera l'institution canonique suivant les formes établies par rapport à la France avec le changement de gouvernement.

V. Les nominations aux évêchés qui vaqueront dans la suite seront également faites par le premier Consul, et l'institution canonique sera donnée par le Saint-Siège, en conformité de l'article précédent.

VI. Les évêques, avant d'entrer en fonctions, prêteront directement, entre les mains du premier Consul, le serment de fidélité qui était en usage avant le changement de gouvernement, exprimé dans les termes suivants :

« Je jure et promets à Dieu, sur les saints évangiles, de garder obéissance et fidélité au Gouvernement établi par la Constitution de la République française. Je promets aussi de n'avoir aucune intelligence, de n'assister à aucun conseil, de n'entretenir aucune ligue, soit au dedans, soit au dehors, qui soit contraire à la tranquillité publique ; et si, dans mon diocèse ou ailleurs, j'apprends qu'il se trame quelque chose au préjudice de l'État, je le ferai savoir au Gouvernement. »

VII. Les ecclésiastiques du second ordre prêteront le même serment entre les mains des autorités civiles désignées par le Gouvernement.

VIII. La formule de prière suivante sera récitée à la fin de l'office divin, dans toutes les églises catholiques de France : *Domine, salvam fac Rempublicam ; Domine, salvos fac Consules.*

IX. Les évêques feront une nouvelle circonscription des paroisses de leurs diocèses, qui n'aura d'effet que d'après le consentement du Gouvernement.

X. Les évêques nommeront aux cures.

Leur choix ne pourra tomber que sur des personnes agréées par le Gouvernement.

XI. Les évêques pourront avoir un chapitre dans leur cathédrale et un séminaire pour leur diocèse, sans que le Gouvernement s'oblige à les doter.

XII. Toutes les églises métropolitaines, cathédrales, paroissiales et autres non aliénées, nécessaires au culte, seront mises à la disposition des évêques.

XIII. Sa Sainteté, pour le bien de la paix et l'heureux rétablissement de la religion catholique, déclare que ni elle ni ses successeurs ne troubleront en aucune manière les acquéreurs des biens ecclésiastiques aliénés ; et qu'en conséquence la propriété de ces biens demeurera incommutable entre leurs mains ou celles de leurs ayants cause.

XIV. Le Gouvernement assurera un traitement convenable aux évêques et aux curés dont les diocèses et les cures seront compris dans la circonscription nouvelle.

XV. Le Gouvernement prendra également des mesures pour que les catholiques français puissent, s'ils le veulent, faire en faveur des églises des fondations.

XVI. Sa Sainteté reconnaît, dans le premier Consul de la République française, les mêmes droits et prérogatives dont jouissait près d'elle l'ancien gouvernement.

XVII. Il est convenu entre les parties contractantes que, dans le cas où quelqu'un des successeurs du premier Consul actuel ne serait pas catholique, les droits et prérogatives mentionnés dans l'article ci-dessus, et la nomination aux évêchés, seront réglés, par rapport à lui, par une nouvelle convention.

Les ratifications seront échangées à Paris, dans l'espace de quarante jours.

Fait à Paris, le 26 messidor de l'an IX de la République française.

LOI DU 18 GERMINAL AN X

ARTICLES ORGANIQUES DE LA CONVENTION DU 26 MESSIDOR AN IX (CULTE CATHOLIQUE)

Titre premier

DU RÉGIME DE L'ÉGLISE CATHOLIQUE DANS SES RAPPORTS GÉNÉRAUX AVEC LES DROITS DE LA POLICE DE L'ÉTAT.

ARTICLE PREMIER. Aucune bulle, bref, rescrit, décret, mandat, provision, signature servant de provision, ni autres expéditions de la cour de Rome, même ne concernant que les particuliers, ne pourront être reçus, publiés, imprimés, ni autrement mis à exécution sans l'autorisation du Gouvernement.

II. Aucun individu se disant nonce, légat, vicaire ou commissaire apostolique, ou se prévalant de toute autre dénomination, ne pourra, sans la même autorisation, exercer, sur le sol français ni ailleurs, aucune fonction relative aux affaires de l'Église gallicane.

III. Les décrets des synodes étrangers, même ceux des conciles généraux, ne pourront être publiés en France, avant que le Gouvernement en ait examiné la forme, leur conformité avec les lois, droits et franchises de la République française, et tout ce qui, dans leur publication, pourrait altérer ou intéresser la tranquillité publique.

IV. Aucun concile national ou métropolitain, aucun synode diocésain, aucune assemblée délibérante n'a lieu sans la permission expresse du Gouvernement.

V. Toutes les fonctions ecclésiastiques seront gratuites, sauf les oblations qui seraient autorisées et fixées par les règlements.

VI. Il y aura recours au Conseil d'État dans tous les cas d'abus de la part des supérieurs et autres personnes ecclésiastiques. Les cas d'abus sont : l'usurpation ou l'excès de pouvoir ; la contravention aux lois et règlements de la République ; l'infraction des règles consacrées par les canons reçus en France ; l'attentat aux libertés, franchises et coutumes de l'Église gallicane, et toute entreprise ou tout procédé qui, dans l'exercice du culte, peut compromettre l'honneur des citoyens, troubler arbitrairement leur conscience, dégénérer contre eux en oppression ou en injure, ou scandale public.

VII. Il y aura pareillement recours au Conseil d'État, s'il est porté atteinte à l'exercice public du culte et à la liberté que les lois et les règlements garantissent à ses ministres.

VIII. Le recours compétera à toute personne intéressée. A défaut de plainte particulière, il sera exercé d'office par les préfets. Le fonctionnaire public, l'ecclésiastique ou la personne qui voudra exercer ce recours adressera un mémoire détaillé et signé au conseiller d'Etat chargé de toutes les affaires concernant les cultes, lequel sera tenu de prendre, dans le plus bref délai, tous les renseignements convenables ; et sur son rapport, l'affaire sera suivie et définitivement terminée dans la forme administrative, ou renvoyée, selon l'exigence des cas, aux autorités compétentes.

Titre II

DES MINISTRES

Section I. — *Dispositions générales.*

IX. Le culte catholique sera exercé sous la direction des archevêques et évêques dans leurs diocèses, et sous celle des curés dans leurs paroisses.

X. Tout privilège portant exemption ou attribution de la juridiction épiscopale est aboli.

XI. Les archevêques et évêques pourront, avec l'autorisation du Gouvernement, établir dans leurs diocèses des chapitres cathédraux et des séminaires. Tous autres établissements ecclésiastiques sont supprimés.

XII. Il sera libre aux archevêques et évêques d'ajouter à leur nom le titre de *citoyen* ou celui de *monsieur*. Toutes autres qualifications sont interdites.

SECTION II. — *Des archevêques ou métropolitains.*

XIII. Les archevêques consacreront et installeront leurs suffragants. En cas d'empêchement ou de refus de leur part, ils seront suppléés par le plus ancien évêque de l'arrondissement métropolitain.

XIV. Ils veilleront au maintien de la foi et de la discipline dans les diocèses dépendant de leur métropole.

XV. Ils connaîtront des réclamations et des plaintes contre la conduite et les décisions des évêques suffragants.

SECTION III. — *Des évêques, des vicaires généraux et des séminaires.*

XVI. On ne pourra être nommé évêque avant l'âge de trente ans, et si on n'est originaire français.

XVII. Avant l'expédition de l'arrêté de nomination, celui ou ceux qui seront proposés seront tenus de rapporter une attestation de bonnes vie et mœurs, expédiée par l'évêque dans le diocèse duquel ils auront exercé les fonctions du ministère ecclésiastique ; et ils seront examinés sur leur doctrine par un évêque et deux prêtres qui seront commis par le premier Consul, lesquels adresseront le résultat de leur examen au conseiller d'Etat chargé de toutes les affaires concernant les cultes.

XVIII. Le prêtre nommé par le premier Consul fera les diligences pour rapporter l'institution du Pape.

Il ne pourra exercer aucune fonction avant que la bulle portant son institution ait reçu l'attache du Gouvernement et qu'il ait prêté en personne le serment prescrit par la convention passée entre le Gouvernement français et le Saint-Siège.

Ce serment sera prêté au premier Consul ; il en sera dressé procès-verbal par le secrétaire d'État.

XIX. Les évêques nommeront et institueront les curés ; néanmoins, ils ne manifesteront leur nomination et ils ne donneront l'institution canonique qu'après que cette nomination aura été agréée par le premier Consul.

XX. Ils seront tenus de résider dans leurs diocèses ; ils ne pourront en sortir qu'avec la permission du premier Consul.

XXI. Chaque évêque pourra nommer deux vicaires généraux, et chaque archevêque pourra en nommer trois ; ils les choisiront parmi les prêtres ayant les qualités requises pour être évêques.

XXII. Ils visiteront annuellement et en personne une partie de leur diocèse et, dans l'espace de cinq ans, le diocèse entier.

En cas d'empêchement légitime, la visite sera faite par un vicaire général.

XXIII. Les évêques seront chargés de l'organisation de leurs séminaires, et les règlements de cette organisation seront soumis à l'approbation du premier Consul.

XXIV. Ceux qui seront choisis pour l'enseignement dans les séminaires souscriront la Déclaration faite par le clergé de France en 1682 et publiée par un édit de la même année ; ils se soumettront à enseigner la doctrine qui y est contenue ; et les évêques adresseront une expédition en forme de cette soumission au conseiller d'État chargé de toutes les affaires concernant les cultes.

XXV. Les évêques enverront toutes les années à ce conseiller d'État le nom des personnes qui étudieront dans les séminaires et qui se destineront à l'état ecclésiastique.

XXVI. Ils ne pourront ordonner aucun ecclésiastique s'il ne justifie d'une propriété produisant au moins un revenu annuel de trois cents francs ; s'il n'a atteint l'âge de vingt-cinq ans et s'il ne réunit les qualités requises par les canons reçus en France.

Les évêques ne feront aucune ordination avant que le nombre des personnes à ordonner ait été soumis au Gouvernement, et par lui agréé.

Section IV. — *Des curés.*

XXVII. Les curés ne pourront entrer en fonctions qu'après avoir prêté entre les mains du préfet le serment prescrit par la convention passée entre le Gouvernement et le Saint-Siège. Il sera dressé procès-verbal de cette prestation par le secrétaire général de la préfecture, et copie collationnée.

XXVIII. Ils seront mis en possession par le curé ou le prêtre que l'évêque désignera.

XXIX. Ils seront tenus de résider dans leurs paroisses.

XXX. Les curés seront immédiatement soumis aux évêques dans l'exercice de leurs fonctions.

XXXI. Les vicaires et desservants exerceront leur ministère sous la surveillance et la direction des curés.

Ils seront approuvés par l'évêque et révocables par lui.

XXXII. Aucun étranger ne pourra être employé dans les fonctions du ministère ecclésiastique sans la permission du Gouvernement.

XXXIII. Toute fonction est interdite à tout ecclésiastique, même Français, qui n'appartient à aucun diocèse.

XXXIV. Un prêtre ne pourra quitter son diocèse, pour aller desservir dans un autre, sans la permission de son évêque.

Section V. — *Des chapitres cathédraux et du gouvernement des diocèses pendant la vacance du siège.*

XXXV. Les archevêques et évêques qui voudront user de la faculté qui leur est donnée d'établir des chapitres ne pourront le faire sans avoir rapporté l'autorisation du Gouvernement, tant pour l'établissement lui-même que pour le nombre et le choix des ecclésiastiques destinés à les former.

XXXVI. Pendant la vacance des sièges, il sera pourvu par le métropolitain et, à son défaut, par le plus ancien des évêques suffragants, au gouvernement des diocèses.

Les vicaires généraux de ces diocèses continueront leurs fonctions, même après la mort de l'évêque, jusqu'à remplacement.

XXXVII. Les métropolitains, les chapitres cathédraux seront tenus, sans délai, de donner avis au Gouvernement de la vacance des sièges et des mesures qui auront été prises pour le gouvernement des diocèses vacants.

XXXVIII. Les vicaires généraux qui gouvernent pendant la vacance, ainsi que les métropolitains ou capitulaires, ne se permettront aucune innovation dans les usages et coutumes des diocèses.

Titre III
DU CULTE

XXXIX. Il n'y aura qu'une liturgie et un catéchisme pour toutes les églises catholiques de France.

XL. Aucun curé ne pourra ordonner des prières publiques extraordinaires dans sa paroisse sans la permission spéciale de l'évêque.

XLI. Aucune fête, à l'exception du dimanche, ne pourra être établie sans la permission du Gouvernement.

XLII. Les ecclésiastiques useront, dans les cérémonies religieuses, des habits et ornements convenables à leur titre ; ils ne pourront dans aucun cas, ni sous aucun prétexte, prendre la couleur et les marques distinctives réservées aux évêques.

XLIII. Tous les ecclésiastiques seront habillés à la française et en noir.

Les évêques pourront joindre à ce costume la croix pastorale et les bas violets.

XLIV. Les chapelles domestiques, les oratoires particuliers ne pourront être établis sans une permission expresse du Gouvernement accordée sur la demande de l'évêque.

XLV. Aucune cérémonie religieuse n'aura lieu hors des édifices consacrés au culte catholique, dans les villes où il y a des temples destinés à différents cultes.

XLVI. Le même temple ne pourra être consacré qu'à un même culte.

XLVII. Il y aura, dans les cathédrales et paroisses, une place distinguée pour les individus catholiques qui remplissent les autorités civiles ou militaires.

XLVIII. L'évêque se concertera avec le préfet pour régler la manière d'appeler les fidèles au service divin par le son des cloches. On ne pourra les sonner pour toute autre cause sans la permission de la police locale.

XLIX. Lorsque le Gouvernement ordonnera des prières publiques, les évêques se concerteront avec le préfet et le commandant militaire du lieu, pour le jour, l'heure et le mode d'exécution de ces ordonnances.

L. Les prières solennelles appelées *sermons*, et celles connues sous le nom de *stations* de l'Avent et du Carême, ne seront faites que par des prêtres qui en auront obtenu une autorisation spéciale de l'évêque.

LI. Les curés, aux prônes des messes paroissiales, prieront et feront prier pour la prospérité de la République française et pour les consuls.

LII. Ils ne se permettront, dans leurs instructions, aucune inculpation directe ou indirecte, soit contre les personnes, soit contre les autres cultes autorisés par l'Etat.

LIII. Ils ne feront au prône aucune publication étrangère à l'exercice du culte, à moins qu'ils n'y soient autorisés par le Gouvernement.

LIV. Ils ne donneront la bénédiction nuptiale qu'à ceux qui justifieront, en bonne et due forme, avoir contracté leur mariage devant l'officier civil.

LV. Les registres tenus par les ministres du culte, n'étant et ne pouvant être relatifs qu'à l'administration des sacrements, ne pourront, dans aucun cas, suppléer les registres ordonnés par la loi pour constater l'état civil des Français.

LVI. Dans tous les actes ecclésiastiques et religieux, on sera obligé de se servir du calendrier d'équinoxe établi par les lois de la République ; on désignera les jours par les noms qu'ils avaient dans le calendrier des solstices.

LVII. Le repos des fonctionnaires publics sera fixé au dimanche.

Titre IV

DE LA CIRCONSCRIPTION DES ARCHEVÊCHÉS, DES ÉVÊCHÉS ET DES PAROISSES ; DES ÉDIFICES DESTINES AU CULTE ; ET DU TRAITEMENT DES MINISTRES.

Section I. — *De la circonscription des archevêchés et des évêchés.*

LVIII. Il y aura en France dix archevêchés ou métropoles et cinquante évêchés.

LIX. La circonscription des métropoles et des diocèses sera faite conformément au tableau ci-joint.

Section II. — *De la circonscription des paroisses.*

LX. Il y aura au moins une paroisse par justice de paix. Il sera en outre établi autant de succursales que le besoin pourra l'exiger.

LXI. Chaque évêque, de concert avec le préfet, règlera le nombre et l'étendue de ces succursales. Les plans arrêtés seront soumis au Gouvernement et ne pourront être mis à exécution sans son autorisation.

LXII. Aucune partie du territoire français ne pourra être érigée en cure et en succursale, sans l'autorisation expresse du Gouvernement.

LXIII. Les prêtres desservant les succursales seront nommés par les évêques.

Section III. — *Du traitement des ministres.*

LXIV. Le traitement des archevêques sera de 15.000 francs.

LXV. Le traitement des évêques sera de 10.000 francs.

LXVI. Les curés seront distribués en deux classes : le traitement des curés de la première classe sera porté à 1.500 francs ; celui des curés de la seconde classe à 1.000 francs.

LXVII. Les pensions dont ils jouissent, en exécution des lois de l'Assemblée constituante, seront précomptées sur leur traitement. Les conseils généraux des grandes communes pourront, sur leurs biens ruraux ou sur leurs octrois, leur accorder une augmentation de traitement, si les circonstances l'exigent.

LXVIII. Les vicaires et desservants seront choisis parmi les ecclésiastiques pensionnés en exécution des lois de l'Assemblée constituante.

Le montant de ces pensions et le produit des oblations formeront leur traitement.

LXIX. Les évêques rédigeront les projets de règlements relatifs aux oblations que les ministres du culte sont autorisés à recevoir pour l'administration des sacrements. Les projets de règlements rédigés par des évêques ne pourront être publiés, ni autrement mis à exécution qu'après avoir été approuvés par le Gouvernement.

LXX. Tout ecclésiastique pensionnaire de l'Etat sera privé de sa pension s'il refuse, sans cause légitime, les fonctions qui pourront lui être confiées.

LXXI. Les conseils généraux de département sont autorisés à procurer aux archevêques et évêques un logement convenable.

LXXII. Les presbytères et les jardins attenants, non aliénés, seront rendus aux curés et aux desservants des succursales. A défaut de ces presbytères, les conseils des communes sont autorisés à leur procurer un logement et un jardin.

LXXIII. Les immeubles, autres que les édifices destinés au logement et les jardins attenants, ne pourront être affectés à des titres ecclésiastiques, ni possédés par les ministres du culte à raison de leurs fonctions.

S<small>ECTION</small> IV. — *Des édifices destinés au culte.*

LXXIV. Les édifices anciennement destinés au culte catholique, actuellement dans les mains de la nation, à raison d'un édifice par cure et par succursale, seront mis à la disposition des évêques par arrêtés du préfet du département. Une expédition de ces arrêtés sera adressée au conseiller d'Etat chargé de toutes les affaires concernant les cultes.

LXXV. Il sera établi des fabriques pour veiller à l'entretien et la conservation des temples, à l'administration des aumônes.

LXXVI. Dans les paroisses où il n'y aura point d'édifice disponible pour le culte, l'évêque se concertera avec le préfet pour la désignation d'un édifice convenable.

Suivent les articles organiques des cultes protestants, que nous ne donnons pas ici.

Les décrets relatifs au culte israélite ne font pas partie du Concordat. La législation organique sur ce culte comprend les décrets du 2 mars 1807, du 11 mars 1808 et du 19 octobre de la même année.

1. ↑ *Civilta*, 1868, III, p. 265. Je cite la *Civilta* d'après *la Papauté, son origine au moyen âge et son développement jusqu'en 1870*, par Ignace DE DŒLLINGER, avec notes par J. FRIEDRICH, trad. par A. GIRAUD-TEULON, 1904.
2. ↑ « L'anticléricalisme est une manière d'être constante, persévérante et nécessaire aux États ; il doit s'exprimer par une succession indéfinie d'actes et ne constitue pas plus un programme de gouvernement que le fait d'être vertueux, ou honnête, ou intelligent ». Waldeck-Rousseau, lettre à M. Millerand, dans *le Temps* du 13 octobre 1901.
3. ↑ *Histoire de l'Affaire Dreyfus*, 1903, t. III, p. 25.
4. ↑ *Tables*, menses, revenus.
5. ↑ Léon CHAÎNE. — *Les Catholiques français et leurs difficultés actuelles.* 1903.
6. ↑ *Au Tribunal de Rome*, par F.-J. MOUTHOX, dans *le Matin* du 16 septembre 1904.
7. ↑ Sur la constitution civile du clergé, voir le livre charmant et profond, d'un grand sens historique : Edme CHAMPION. *La Séparation de l'Église et de l'État en 1794*. Introduction à l'*Histoire religieuse de la Révolution française*. 1903.
8. ↑ Ces conséquences ont été exposées avec force et clarté par M. A. Debidour, dans un livre excellent, qui m'a été très utile : *Histoire des rapports de l'Église et de l'État en France de 1789 à 1870*, par A. DEBIDOUR, 1898.
9. ↑ « Convention. C'est le titre donné à cet acte lors de sa rédaction. *Bulla confirmationis conventionis*, etc. On a, depuis, imaginé de donner fort improprement à cet acte le nom de *Concordat*. » Ainsi parle un ecclésiastique de la Petite Église. (*De la nouvelle Église de France*. Paris, 1816, p. 6, note.)
10. ↑ M. Aulard a établi, dans un article (*Aurore* du 16 août 1904), que le projet des Organiques avait été communiqué au cardinal-légat Caprara par Bonaparte lui-même, qui avait admis Caprara à y faire des corrections ; mais celui-ci n'en avait donné au Pape qu'un résumé incomplet et inexact.
11. ↑ *L'État et l'Église*, par MINGHETTI, trad. par LOUIS BORGUET, et précédé d'une introduction par Émile DE LAVELEYE, 1882, p. 44.
12. ↑ F. DE PRESSENSÉ. Proposition de loi sur la séparation, 7 avril 1903. *Exposé des motifs*, p. 8.
13. ↑ Pour être juste, il faut dire que M. le Ministre des Cultes qui est à la fois catholique, protestant et juif, est aussi musulman, depuis 23 ans. Il a reconnu la vérité du Coran, par le décret des 26 août-6 septembre 1881, comme il avait précédemment reconnu la vérité de l'ancien et du

nouveau testament. En conséquence de cette quatrième foi, l'État paye les muphtis, imans, bachs-hazzabs, moudèrrs, etc.
14. ↑ Emile Ollivier. *Nouveau droit ecclésiastique français*, 1885, pp. 581-582.
15. ↑ F. de Pressensé, *loc. cit.*, p. 8.
16. ↑ *Concordat ou Séparation*, par G. Noblemaire, 1904, p. 190. Cf. aussi : *La Séparation de l'Église et de l'État*, par J. Dartigue, 1885, p. 14.
17. ↑ G. Noblemaire, *loc. cit.*, page 184.
18. ↑ Article de M. Éric Bernard dans *le Siècle* du 3 août 1904.
19. ↑ Cité par Clémenceau dans l'*Aurore* du 19 octobre 1904
20. ↑ *Pages libres* du 1er octobre 1904.
21. ↑ Voir à ce sujet les articles de Clémenceau dans *l'Aurore* et ceux de Ranc dans *le Radical* (octobre, novembre et décembre 1904).
22. ↑ Voir : *L'Église libre dans l'État libre, discours prononcé au Congrès catholique de Malines* par le Comte de Montalembert, 1863, pp. 177 et suiv.
23. ↑ Cf. Aristide Briand, dans *l'Humanité* du 30 septembre 1904.
24. ↑ Ernest Renan. *Mélanges religieux et historiques*, 1904, p. 58.
25. ↑ Actes, ch. XVIII, vers. 14 et 15.
26. ↑ « C'est le maintien du pouvoir temporel des papes qui nous a coûté l'Alsace et la Lorraine... Si le pouvoir temporel avait été abandonné, les alliances étaient toutes prêtes ; nous en aurions eu une immédiate, incontestable. » Discours du prince Napoléon à la Chambre, en 1876. *Histoire des Français*, par Théophile Lavallée, t. 7, par Maurice Dreyfous, p. 19.